AF560888

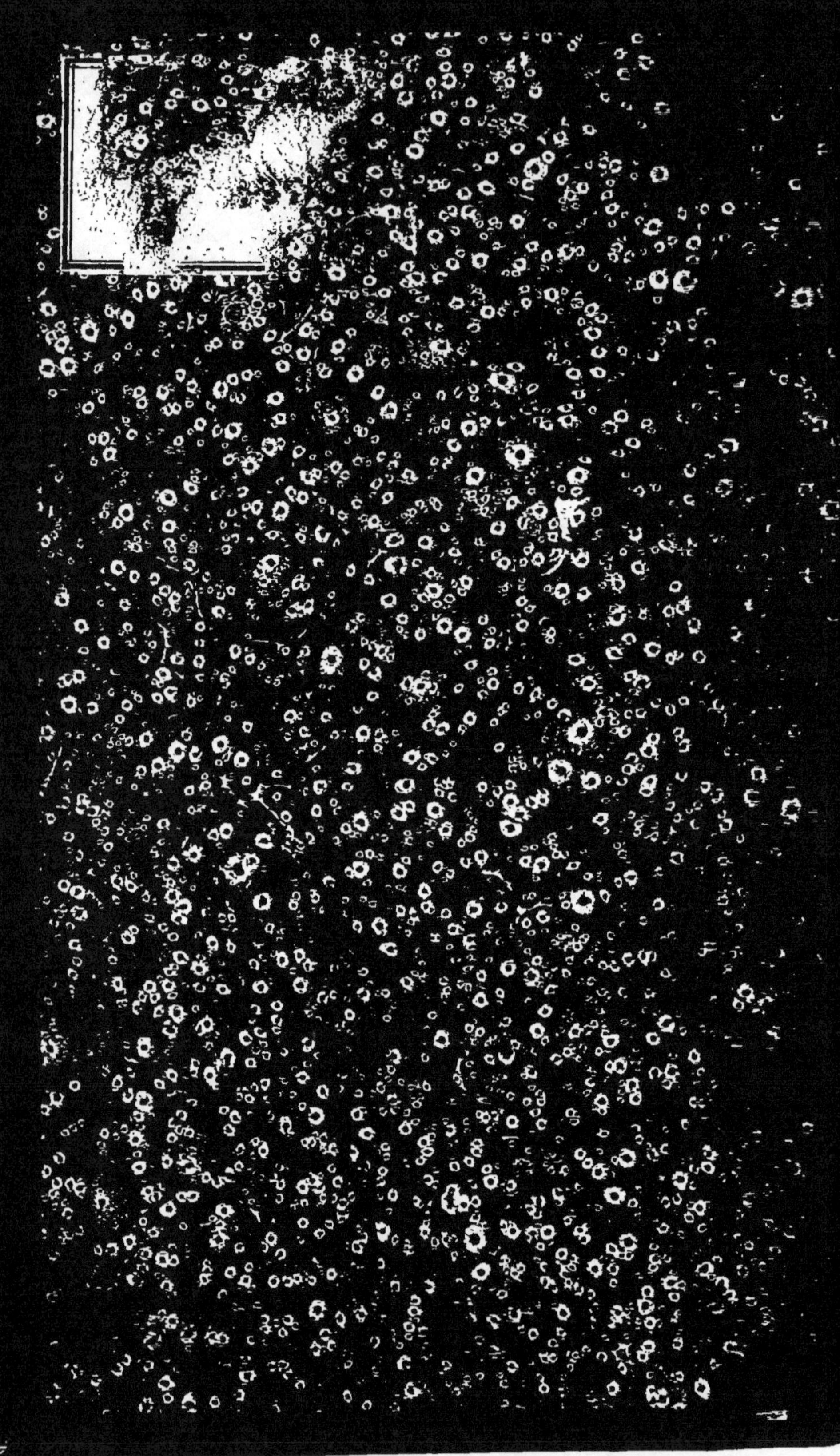

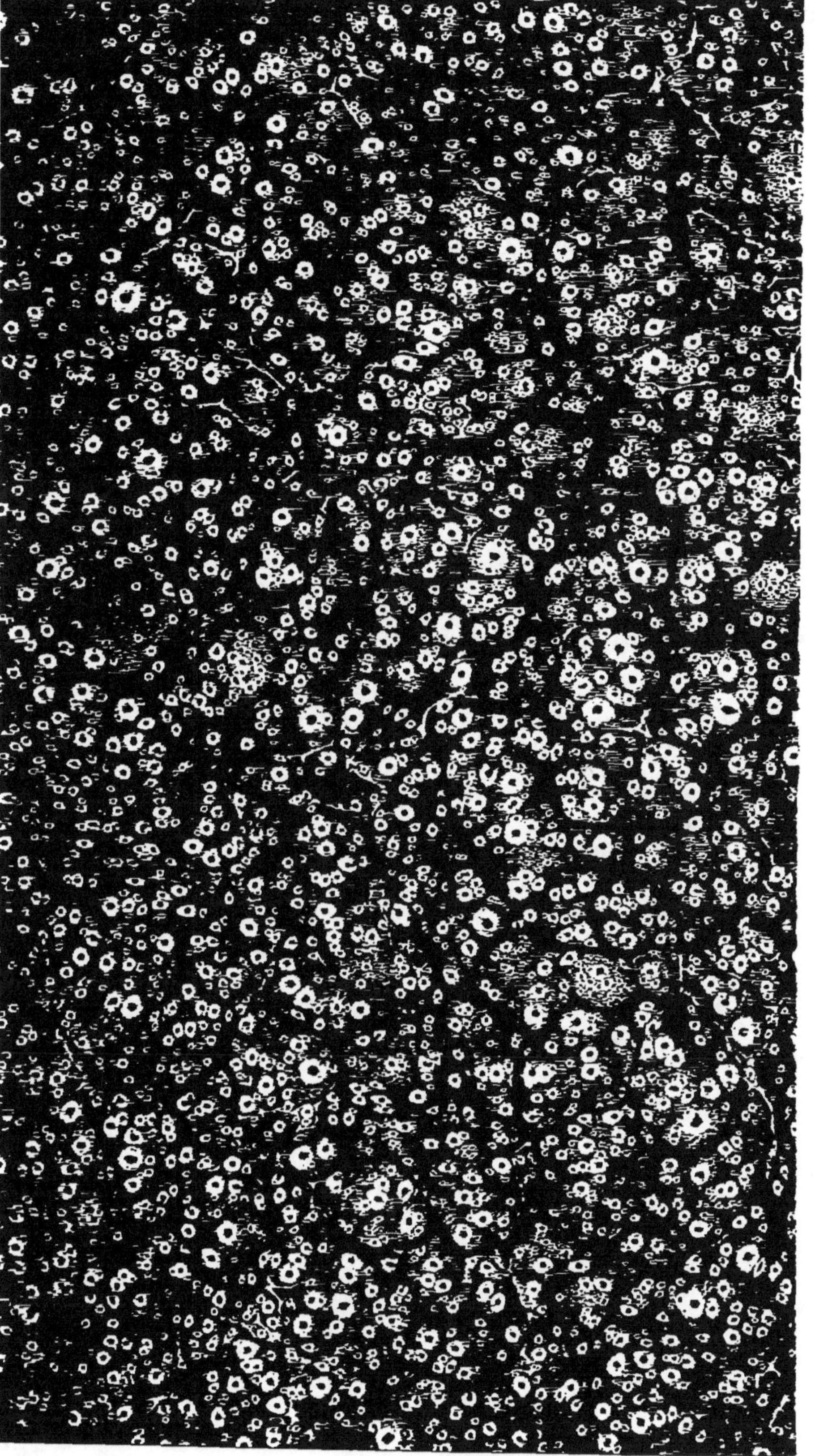

PARIS ANECDOTE

3222.—Paris, Imp. GUIRAUDET et JOUAUST, 338, rue St-Honoré.

PARIS ANECDOTE

LES INDUSTRIES INCONNUES
LA CHILDEBERT
LES OISEAUX DE NUIT
LA VILLA DES CHIFFONNIERS

PAR

ALEX. PRIVAT D'ANGLEMONT

PARIS
CHEZ P. JANNET, LIBRAIRE
RUE DES BONS-ENFANTS, 28

1854

PARIS ANECDOTE

LES INDUSTRIES INCONNUES

I.

LA LOUEUSE DE VOITURES A BRAS ET SA REMISE.
LE FABRICANT D'ASTICOTS.

Ne vous est-il point arrivé, en vous promenant dans Paris, un jour de fête, par exemple, de vous demander comment toute cette population peut faire pour vivre? Puis, vous livrant mentalement aux douceurs de la statistique, cette science si chère aux flâneurs et aux savants, si vous avez calculé combien la grande cité contient de maçons, de rentiers, de charcutiers, d'avocats, de charpentiers, de médecins, de bijoutiers, de forts de la halle, de banquiers, en un mot d'hommes exerçant au grand jour, par devant la société et la loi, des professions avouées et inscrites dans le dictionnaire de l'Académie, n'avez-vous pas toujours trouvé des masses énormes de gens auxquels vous ne pouviez assigner aucun état, aucun emploi, aucune industrie ?

Eh bien ! tous ces gens-là composent la grande famille des existences problématiques, que, suivant les statisticiens patentés, MM. Parent Duchatelet, Moreau Jonnès, Frégier, on évalue à *soixante-dix mille* ; c'est-à-dire que chaque matin il y a à Paris soixante-dix mille personnes de tout âge qui ne savent ni comment elles mangeront, ni où elles se coucheront. Et cependant tout ce monde-là finit par manger ou à peu près. Comment font-elles? C'est leur secret, secret souvent terrible, que divulguent les tribunaux.

Mais nous n'avons rien à dire des classes dangereuses ; nous laissons aux hommes sérieux le soin d'en parler dans de gros livres que personne ne lit, mais que l'Académie couronne. Nous ne voulons que vous donner une idée de l'esprit ingénieux du Parisien, en passant en revue la race pauvre, laborieuse, intelligente, qui à su se créer une industrie honnête répondant aux divers besoins du public.

Dans nos excursions à travers le douzième arrondissement, nous avons vu des choses si surprenantes, que nous n'avons pu résister au désir de les livrer à la curiosité des lecteurs. Ils verront que bien des gens entreprennent de longs voyages, des courses périlleuses, pour trouver des choses extraordinaires, lorsqu'à leur porte, à une course d'omnibus de leur foyer, le nouveau, le bizarre, l'extraordinaire, se rencontrent à chaque pas.

Les mœurs patriarcales de l'âge d'or, la finesse du sauvage, la naïveté du nègre de la côte de Guinée, sont des choses communes. Levaillant, le capitaine Cook, Réné Caillié, n'ont rien observé de plus curieux dans leurs voyages aux pays sans nom que ce que nous avons vu dans certains quartiers de Paris.

Il existe derrière le collége de France, entre la bibliothèque Sainte-Géneviève, les bâtiments de l'ancienne école normale, le collége Sainte-Barbe et la rue Saint-Jean-de-Latran, tout un gros pâté de maisons connu sous le nom de Mont-Saint-Hilaire. Ce quartier ressemble beaucoup à un gigantesque échiquier : il est tout emmêlé de petites rues sales et étroites, qui se coupent à angle droit, et forment de tout petits carrés de maisons adossées les unes aux autres. Dans cet îlot, long d'une centaine de mètres sur quarante de large, on trouve une dizaine de rues toutes vieilles, noires et tortueuses. Le Mont-Saint-Hilaire est le point culminant de ce qu'on est convenu d'appeler le quartier latin ; c'est l'extrême limite du pays de la science et de la montagne Sainte-Geneviève, dont il est séparé par une rue et quelques maisons.

Mais quelle différence de mœurs, de population et d'industries ! Car Paris a cela de merveilleux, que les habitudes de la population d'une rue ne ressemblent pas plus à celles des habitants de la rue voisine que les mœurs du Lapon ne ressemblent à celles des peuples de l'Amérique du Sud. Vous tournez un coin de rue, et l'aspect change, la population aussi. Les goûts, la manière d'être, les travaux, les industries, rien ne se ressemble. Les habitants de la rue Meslay sont aussi différents de ceux de la rue Saint-Martin que les mœurs douces des petits rentiers de la rue Copeau diffèrent des coutumes bruyantes de leurs voisins de la rue Mouffetard.

Un étranger qui aurait passé un jour dans la rue du Croissant sans en sortir, qu'on enfermerait dans une voiture pour lui faire faire un long détour et le déposer dans la rue du Sentier, ne croirait jamais que ces deux rues correspondent ensemble.

C'est ce qui fait l'incomparable supériorité de Paris sur toutes les villes du monde. C'est cette physionomie multiple qui captive tous les gens qui ont vu notre bonne ville. C'est ce kaléidoscope continuel qui charme tant l'observateur et met un si profond regret au cœur de tous ceux que leurs affaires forcent à quitter notre vieille cité.

Faisons un tour sur les hauteurs de l'Université, et nous y trouverons deux quartiers jumeaux, les Monts Sainte-Geneviève et Saint-Hilaire. Autant la Montagne-Sainte-Geneviève est bruyante, criarde, tapageuse, flâneuse, déguenillée, autant son voisin, le Mont-Saint-Hilaire, est calme, tranquille, laborieux et propre. Les maisons sont aussi vieilles, aussi tremblottantes, d'un côté que de l'autre; mais celles du Mont-Saint-Hilaire ont un aspect vénérable qui leur donne l'air de bons vieillards, tandis que les autres font l'effet de vieilles femmes ivrognesses titubant sur leurs jambes amaigries. Les derniers reflets de la truanderie s'aperçoivent encore à la Montagne-Sainte-Geneviève. Les ombres sévères des vieux scolastiques semblent planer incessamment sur le Mont-Saint-Hilaire, à l'ombre des grands murs de tous les établissements scientifiques accumulés dans ce petit coin de Paris.

L'enfant de la première prendra une hotte de chiffonnier, pour contenter ses goûts de bohême et vaguer constamment dans les rues ; ou bien il choisira un métier bruyant pour chanter en chœur, se disputer, et faire le lundi en nombreuse compagnie. Celui du second choisira une profession tranquille, sans marteau, qu'il pourra exercer en *chambre*. L'un sera débardeur, porteur aux halles, garçon marchand de vin, servant de maçon; l'autre sera relieur, cordonnier, fabricant de boîtes et de menus objets en carton. En un mot, ce sont presque deux peuples de race et de nature différentes.

Le Mont-Saint-Hilaire appartient tout entier à ces petites industries inconnues qui, en le faisant vivre, donnent à l'ouvrier la liberté et l'indépendance. L'esprit ingénieux et libre de l'enfant de Paris s'y est développé sous toutes ses faces. La petite fabrique y a pris des développements excessifs. Toutes les maisons renferment des inventeurs auxquels il ne manque qu'un plus grand théâtre pour devenir célèbres. C'est le véritable microcosme du génie humain. Le fondateur des boutiques de galette sur le boulevart, le précurseur du brillant pâtissier du Gymnase, le fameux M. *Coupe-Toujours*, qui a laissé de si solides souvenirs à tous les estomacs sexagénaires, l'homme qui durant vingt ans a occupé toutes les bouches de la république, du premier empire et de la restauration, était originaire du Mont-Saint-Hilaire. Il a fait une immense fortune à vendre des parts de galette à un sou, sur le boulevard Saint-Martin. Aujourd'hui l'astre du Gymnase a fait pâlir son étoile. Il n'y a plus guère que quelques familles du Marais qui se souviennent de cette gloire déchue, et qui font encore venir, aux grands jours de galas, les jours de cidre et de marrons, le gâteau, si cher aux enfants de Paris, de la modeste boutique de cette ancienne renommée. Les gamins et les grisettes de notre temps dédaignent sa pâte feuilletée. M. Napoléon Richard, l'inventeur du café avec petit verre à deux sous la demi-tasse, vulgairement connu sous le nom d'*Estaminet des pieds humides*, était également un enfant de ce quartier. M. *Coupe-Toujours* avait fait ses études au fameux *Puits-Certain*, au coin de la rue Saint-Jean-de-Beauvais, une des plus vieilles maisons de pâtisserie du monde, car sa renommée remonte au quatorzième siècle, et ses pâtés chauds sont encore aujourd'hui aussi en vogue qu'au beau temps de nos aïeux. Jamais les propriétaires n'y passent plus de dix années pour faire fortune. Jugez, d'après cela, de la prodigieuse quantité de pâtés au veau et au jambon que doivent consommer les estomacs parisiens.

Lorsqu'un homme d'une ville de province a fait fortune à Paris en vendant n'importe quoi, en exerçant n'importe quelle profession, tous ses compatriotes s'empressent de l'imiter; ils embrassent cette profession ou vendent ce n'importe quoi. Le premier Auvergnat qu'a vu Paris y a dû ramasser des écus en vendant de la vieille ferraille, et le premier Normand en achetant des vieux habits, vieux galons. Depuis ce temps, temps immémorial, tous les Auvergnats sont marchands de ferraille et tous les Normands brocantent de vieux habits.

La grande révolution de 1789, en changeant la population du Mont-Saint-Hilaire, qui était alors occupé par les étudiants des diverses Facultés, y a porté des ouvriers. L'un d'eux a fait ses affaires, comme on dit aujourd'hui, en inventant un petit commerce de détail. Depuis ce temps, tous les enfants du quartier veulent aussi inventer quelque chose, pour faire leurs affaires, comme les inventeurs de la galette et du café à deux sous.

Cela se comprend : l'homme, en apparence, n'est qu'un singe perfectionné, beaucoup plus méchant, plus traître, plus laid, mais infiniment moins malin que le singe, quoi qu'en dise Buffon, et même Boileau.

Après avoir visité la Montagne-Sainte-Geneviève en tous sens, quelques membres de la commission du douzième et moi, nous nous promenions dans ces rues calmes, mais affreuses, comme dans un oasis. Nous éprouvions ce bien-être que doit éprouver tout voyageur, après avoir été aveuglé; étouffé, presque englouti par les sables du désert, en arrivant à la fontaine, sous un bosquet d'arbres parfumés, verdoyants, plein d'ombre, de silence et de fraîcheur. Nous nous sentions heureux, nos poitrines étaient moins oppressées, la vie revenait; nous retrouvions enfin les hommes, la civilisation, l'existence.

Notre tâche n'était pas remplie : nous devions visiter encore quelques uns de ces logements, voir les habitants, les interroger. A la première maison, nous remarquons cette enseigne :

Mme LECOEUR, LOUEUSE DE VOITURES A BRAS. LES PREND EN REMISE.

Une remise de voitures à bras! c'était assez curieux pour des touristes : nous entrâmes.

Figurez-vous une grande cour entourée de hangars, encombrée de roues, de boîtes, d'essieux, de bâches. Ces boîtes, longues de 1 mètre 40 centimètres, étaient les voitures. Mme Lecœur est une femme de trente ans, grande, grasse, brune, tout à fait désirable, qui rit plus souvent qu'*à son tour*, pour montrer des dents éblouissantes. Elle a de jolies mains, de jolis pieds, de beaux yeux, des bras superbes, qu'elle fait voir avec une complaisance à nulle autre pareille. Elle aime à causer, surtout avec les *messieurs bien*. En moins d'un quart d'heure elle nous avait confié tous les secrets de son industrie.

Elle loue les charrettes pour déménagements cinq sous l'heure, et les charrettes des *quatre saisons* dix sous la journée. Ainsi il est très rare que les petits marchands passants, criant les légumes dans la rue, soient propriétaires des petites voitures qu'ils poussent devant eux; généralement ils les louent. Lorsque par hasard ils ont assez d'avances pour se procurer un numéro, ils remisent la nuit chez la *belle* Mme Lecœur. Cette location se fait à forfait. Si le marchand sort à trois ou quatre heures du matin pour aller à la halle, il paie un sou de plus par jour; s'il ne vient qu'après le soleil levé, il ne paie que deux francs vingt-cinq centimes par mois, ou six liards par jour.

Comme nous nous récriions sur ce prix exorbitant de cinq sous l'heure, Mme Lecœur, qui, quoique riant toujours à belles dents, a cependant réponse à tout, nous dit :

« Comment! cinq sous l'heure, c'est trop cher! Ah bien! mais c'est dans l'intérêt des savoyards : ça les empêche de flâner, et ça contente les pratiques.

— C'est très bien pour des bourgeois; mais ces pauvres revendeurs, leur faire payer dix sous par jour une chose qui vous coûte peut-être vingt francs une fois confectionnée!

— Oui ! mais vous ne comptez pas les patentes, les numéros et les fourrières. Et puis ces marchands-là font les *panés* (pauvres) ; mais il ne faut pas les croire : il n'y en a pas un qui ne mette de côté au moins une pièce de trente sous tous les jours! »

Comme nous voulions calculer à peu près ses bénéfices journaliers, elle nous dit :

« Oh ! je n'y vais pas par quatre chemins : le remisage des autres me paie mes frais au bout de l'année. Quant à mes cinquante voitures, elles rapportent chaque soir à la maison leurs petites trois pistoles et demie, comme disent les *charabias*. Quand j'en aurai une centaine, et cela arrivera avec du temps et de l'économie, je pourrai marier mes filles, s'il m'en vient jamais. »

Comme nous nous étonnions des bénéfices énormes de Mme Lecœur.

« Qu'est-ce que c'est que cela, nous dit-elle, auprès de ce que gagne la mère Brichard? Vous vous étonnez de ce qu'une femme seule gagne sa vie! La mère Brichard a son mari, ses garçons, qui, loin de l'aider, lui coûtent les yeux de la tête. Malgré ça, elle gagne de l'or, et sa fille Annette est un bon parti : elle pourrait la marier avec un avocat; mais elle aime mieux la faire travailler, et lui acheter une bonne place à la halle le jour qu'elle la mariera à quelque bon ouvrier, qui de ce jour-là se croira rentier et se fera nourrir par sa femme.

Il est à remarquer, en effet, que dans cette classe la majeure partie des hommes mariés à des marchandes ou à de bonnes ouvrières ne font rien ou presque rien. C'est à peine s'ils aident leur femme dans ses travaux; ils passent leurs journées au cabaret, à godailler, se grisent, rentrent chez eux toujours entre deux vins. Les malheureuses femmes se trouvent encore heureuses lorsque, sur une observation, ces hommes brutaux ne répondent pas par des voies de fait, qui finissent presque toujours à la police correctionnelle ou sur les bancs de la cour d'assises. Pour ces femmes, le prototype de l'élégance, de la distinction, de l'esprit, est l'avocat, soit à cause de la cravate blanche inhérente à cette classe de citoyens, soit à cause de la robe noire et de la parole à l'heure, qui ont encore beaucoup de prestige sur ces imaginations. Cependant l'influence du barreau est contrebalancée par celle du pharmacien, qui est le *nec plus ultra* de la science et du savoir; il leur apparaît dans son officine, entouré de bocaux verts, rouges et bleus, comme un espèce de magicien, de mire du moyen âge.

Mme Lecœur voulut bien s'offrir pour nous conduire chez la mère Brichard, sa voisine.

En sortant de sa maison, nous rencontrâmes un vieillard rouge en couleur, une véritable *trogne de père Trinquefort*, un amant de la dive bouteille, comme on disait jadis; un ami de la treille, comme disent encore les guinguettiers. Mme Lecœur le salua légèrement de la main. Le père Salin, c'est son nom, répondit à ce signe amical par la plus profonde révérence. Nous avons su depuis qu'il était son locataire, car Mme Lecœur est *principale* de la maison dont sa remise occupe la cour. Elle a, comme on voit, plusieurs cordes à son arc; aussi emploie-t-elle une femme de ménage à six francs par mois.

« Que fait M. Salin? demanda M...

— Oh! il n'est pas au bureau de l'assistance publique! (Être au bureau est une honte pour un homme, dans ces quartiers de travailleurs.) C'est un homme qui gagne *joliment* sa vie : il est FABRICANT D'ASTICOTS.

Nous avouons que nous ne nous y attendions pas. Cette industrie nous parut exorbitante. Le fabricant d'asticots dépassait de cent coudées notre imagination. Nous craignions de n'avoir pas bien entendu, mais certainement nous ne comprenions pas. Il nous fallait une explication.

« Fabricant d'asticots! dis-je avec surprise.

— Mais oui... Vous savez bien ces petits vers qui servent à pêcher.

— Je sais. Mais comment les fabrique-t-il?

— Ah voilà! Ce n'est peut-être pas très propre, cet état-là, mais on y gagne sa vie. Il y a à Paris plus de deux mille pêcheurs à la ligne, beaucoup de gamins et pas mal de bons bourgeois établis ou retirés des affaires. Le père Salin a fait connaissance avec ceux-ci sur le bord de l'eau. Il leur fait des asticots pour amorcer toute l'année. Pour cela il a loué tout le haut de la maison, un ancien pigeonnier. Il y met macérer des charognes de chiens et de chats que lui fournissent les chiffonniers. Quand c'est en putréfaction, les vers s'y mettent ; le père Salin les recueille dans des boîtes de fer-blanc qu'on nomme *calottées*, et il les vend jusqu'à quarante sous la calottée. Vous voyez que ce n'est pas bien malin à fabriquer. Mais dame ! il faut un fier odorat pour faire ce métier-là ! Tout le monde ne le pourrait pas. Aussi ses journées sont-elles très bonnes au commencement de la saison : il ne gagne jamais moins de dix à quinze francs par jour, et tout le reste de l'année sept à huit francs. Mais ça n'a pas d'ordre, ça aime trop à *lever le coude* (boire).

— Cependant, lorsque les eaux sont hautes, on ne pêche guère ; il doit souvent chômer pendant l'hiver ?

— Au contraire, c'est son meilleur temps, parceque alors il élève des vers pour les rossignols, ce qui est un excellent métier, dont il a presque le monopole. C'est propre, c'est facile, cela rapporte beaucoup. Il suffit de prendre de la recoupe (petit son), qu'on mêle avec de la farine et de vieux morceaux de bouchons ; on les laisse couver dans de vieux bas de laine, et les *asticots rouges* naissent tout seuls. Cela se vend dix sous le cent. Généralement les amateurs de rossignols sont de vieilles femmes riches et des bourgeois qui ont des métiers tranquilles : les bouquinistes, les relieurs, les tailleurs à façon. Tous ces gens-là paient bien et comptant : il suffit donc d'avoir une dizaine de pratiques possédant chacune trois ou quatre oiseaux pour vivre bien à son aise et payer une femme de ménage. S'il n'aimait pas tant la boisson, le père Salin pourrait être propriétaire tout comme un autre ; mais il mourra à l'hôpital, il est trop *artiste.* »

II.

UN MOT SUR LES ARTISTES POPULAIRES. — LA CUISEUSE DE LÉGUMES. — UN RENTIER A CINQ FRANCS DE CAPITAL. — LE TZIGAN MUSICIEN.

Nous vous avons conduit dans un monde étrange, que vous ne connaissez pas, dont vous comprenez à peine le langage, car ce monde-là a un lexique à lui, des mots qui lui appartiennent en propre, et nous vous en devons l'explication toutes les fois qu'ils se présenteront sous notre plume.

Il est trop artiste ! a dit Mme Lecœur. Etre artiste veut dire ici : jeter l'argent par les fenêtres, le dépenser à tort et à travers sans compter, boire de-ci et de-là, courir la fillette, chanter, rire toujours, en un mot être un gai boute-en-train, un enfant de la joie, un Roger Bontemps. En effet, dans ces quartiers, on ne connaît, en fait d'artistes, que les peintres en décors de boutiques et les musiciens d'orchestres de barrières, gens engendrant le moins qu'ils peuvent la mélancolie et ne crachant pas du tout sur le jus de la treille. Ils gagnent facilement leur vie, ils travaillent le moins possible, ils sont passablement payés ! aussi dépensent-ils leur argent beaucoup plus vivement qu'ils ne le gagnent.

Braves gens au demeurant, cœurs loyaux, toujours prêts à rendre service à tout le monde indistinctement; bons, charitables, mais flâneurs, paresseux avec délices; ne refusant jamais une partie de plaisir, en proposant toujours, ils ont le mot pour rire et ils chantent agréablement la romance égrillarde et la chanson bachique.

Ils sont très aimés du peuple, parcequ'ils sont bons drilles et passent pour des farceurs qui n'ont pas froid aux yeux. La plus belle partie du genre humain les estime fort, car, après tout, ils forment la haute aristocratie des classes laborieures. Ils ne sont pas encore bourgeois, ils ne sont déjà plus ouvriers; ils se trouvent sur l'extrême limite, et servent pour ainsi dire de chaînon pour relier les deux castes. Ils sont indépendants, libres et fiers; ils n'ont ni patrons ni bourgeois, ce qui est beaucoup.

Nous avons rencontré dans ce monde-là des vertus touchantes, des délicatesses exquises. Laissez-nous vous raconter l'histoire du chef d'orchestre du théâtre de M. Morin. Cet homme est âgé de cinquante et quelques années ; c'est un petit vieillard, au visage triste et réfléchi, plein de résignation. L'œil est doux et intelligent ; on voit que cet homme pense et qu'il est bon. Il est toujours vêtu de noir ; ses habits, quoique vieux, sont d'une propreté militaire. Il fait peu de gestes, il parle bas et semble écouter avec plaisir son interlocuteur, tout en donnant audience à ses pensées. Il est d'une politesse méticuleuse ; il a plutôt l'air d'un homme de chiffres et de calcul que d'un homme d'inspiration. Il est né en Savoie ; il se nomme Brosset. Il partit de son pays à l'âge de huit ans pour venir chercher fortune à Paris ; il était avec son frère. Ils jouaient de la vielle, en demandant un petit sou, le long de la route. Après un voyage qui dura bien long-temps, hélas ! pour de pauvres petites jambes de dix ans, ils entrèrent dans la grande ville. Là leur sort devait changer, car, à peine la barrière franchie, la première chose qui se présenta à leurs yeux était un portefeuille bien ventru, bien rebondi, ayant tous les airs d'un meuble de bonne maison. Nos deux petits Savoyards s'empressèrent de cacher leur trouvaille à tous les yeux ; retirés dans un coin, ils l'examinèrent : il contenait dix beaux mille francs en billets de banque, et d'autres papiers, tels que lettres de change, billets à ordre, etc., etc., et toute la série des papiers timbrés paraphés de noms solvables. — Ah! mon Dieu! s'écria Brosset, aussitôt qu'il eut apprécié la valeur de sa trouvaille, il doit être bien malheureux celui qui a perdu un pareil trésor! Il faut le retrouver et lui rendre son bien.

Les deux frères ne prirent aucun repos qu'ils n'eussent trouvé le propriétaire du portefeuille perdu. C'était un riche commerçant. Ce beau trait de probité le toucha; il prit les deux enfants, leur fit faire des études, apprendre la musique, et leur procura ainsi tous les moyens de gagner honorablement leur vie. Il ne voulut pas que ce trait demeurât inconnu; il le fit raconter dans tous les journaux du temps, en citant l'âge et les noms des deux frères. Brosset depuis lors eut bien des succès, car il est excellent musicien; il a couru le monde d'un bout à l'autre, mais il a toujours conservé le journal qui relate ce fait, encadré dans sa chambre, parceque, dit-il, il lui rappelle le temps de sa misère et le souvenir de la reconnaissance qu'il doit à son bienfaiteur. Malheureusement, le nom de ce dernier nous échappe; nous ne pouvons l'accoler ici à celui de l'obligé.

Ainsi le père Salin est artiste par la seule raison que, sans boutique, sans patente, sans frais, il gagne sa vie sans avoir besoin de personne, et qu'il vit tout à fait à sa guise, se renfermant dans sa spécialité.

Nous arrivâmes chez la mère Brichard. Sa boutique est un immense fourneau : figurez-vous deux bassines gigantesques où l'on pourrait faire cuire un bœuf entier avec ses cornes et ses autres agréments ; une cheminée comme on n'en voit plus que dans les provinces les plus éloignées, et, au milieu de tout cela, Mme Brichard et sa fille, Mlle Annette. L'une préside à la cuisine, l'autre à la vente des artichauts. La mère Brichard est une femme de quarante-cinq ans environ, grosse, ronde, courte, un type de bœuf de labour, de cheval de trait. Elle est active, remuante, toujours en mouvement; elle va, vient, crie, rit, parle, chante, travaille, tout cela à la fois ; elle ne perd pas un moment et dit cinquante paroles de trop à chaque phrase. Sa fille, Mlle Annette, est blonde, jolie, avec de beaux yeux bleus ; elle semble timide, et ne parle qu'avec la plus grande réserve.

Ce que Mme Lecœur aurait expliqué en cinq minutes, la mère Brichard, grâce à ses phrases incidentes, mit une bonne heure à nous le dire. Pendant la saison, elle achète les artichauts sur pied aux champs, et à la halle par voitures. Elle choisit les plus beaux, qu'elle vend aux fruitières pour les maisons bourgeoises ; les petits sont mangés à la poivrade ; elle fait cuire tous les autres pour son commerce. Elle en fournit à presque tous les petits marchands à charrettes qui les crient par la ville. Le prix de l'achat en gros et sur une grande échelle est si minime, qu'il paraît presque incroyable : il varie de un à six centimes. Lorsqu'ils sont cuits et livrés aux crieurs, la mère Brichard gagne deux centimes. Il va sans dire que ceux qui sont vendus au détail aux passants et aux bourgeois procurent un bénéfice triple.

Pendant l'automne et l'hiver, son matériel lui sert à fournir de légumes cuits, oseille, chicorée, épinards, une partie des fruitières et des marchandes de la halle. Elle fait outre cela des poires et des pommes cuites pour les détaillants.

— « Pourquoi ceux-ci ne font-ils pas cuire leurs légumes eux-mêmes?

— Cela leur coûterait plus cher que de les acheter tout cuits, nous répondit la mère Brichard : ils ne sont pas outillés, et le matériel coûte très cher. Ce métier-là, il faut le faire en grand ou ne pas s'en mêler : on y perdrait son temps et son argent. Dans notre partie, il faut savoir d'avance, à un centime près, sa dépense, pour chauffage, entretien, loyer, temps, et tout le reste : il n'y a pas de petites économies ; il ne faut rien perdre, pas un charbon, pas une minute de feu. Si je nourris des lapins, c'est pour profiter de mes épluchures.

Au commencement du printemps, elle fait des œufs rouges et entreprend par adjudication ceux des coquetiers en gros. Elle a toujours, en toutes saisons, quelque chose à vendre aux petits marchands ambulants, parcequ'elle tient avant tout à conserver ses pratiques, et elle ne veut pas les déshabituer de venir à sa maison faire leurs provisions.

Pendant que nous causions avec Mme Brichard, nous entendîmes un grand caquetage à la porte. La rue devant l'établissement avait l'aspect de la rue du Coq-Saint-Honoré au moment de l'exposition du jour de l'an de la maison Alphonse Giroux. Seulement, au lieu des beaux cochers fourrés, poudrés, luisants, c'étaient de pauvres femmes en guenilles, de jeunes filles portant la glorieuse livrée du travail, et des petites charrettes à bras à la place des fringants équipages. C'était l'heure d'une *cuite*, Mme Brichard allait commencer sa vente de l'après-midi, celle de deux heures, moment où les ouvriers des fabriques font leur second déjeuner.

La mère Brichard fournissait aux demandes, Mlle Annette recevait l'argent. Toutes ces femmes payaient sans discuter, sans mot dire. C'est que la mère Brichard n'entend pas raillerie à l'article du crédit. Elle préférerait faire crier par les rues toutes ses cuites à sa fille Annette, que de faire deux sous d'*œil* (crédit).

« Cependant, lui dis-je, ces pauvres femmes ne doivent pas toujours avoir l'argent à la poche?

— Elles savent bien où en trouver. Est-ce qu'il n'y a pas dans ce quartier M... *Vautour*, un brave *Auverpin* (Auvergnat), qui a fait ses affaires, et chez qui elles savent qu'il y en a toujours?

— Oui, mais à quelles conditions?

— Oh! c'est un bien brave homme, allez! Il aime à obliger le pauvre monde. Il leur donne cinq francs tous les *matins*, et elles lui rapportent cent cinq sous tous les *soirs*.

— Cinq sous d'intérêt pour cinq francs et pour douze heures! Mais c'est exorbitant!

— Il leur rend service!

— Ah! vous appelez cela un service! Si M... *Vautour* prête aux mêmes conditions à celles qui travaillent pendant la nuit, c'est-à-dire cinq francs à six heures du soir pour avoir cinq francs cinq sous à six heures du matin, un écu lui rapporte *cent quatre-vingt-deux francs cinquante centimes* par an, et chacune de ces pauvres marchandes lui donne par an quatre-vingt-onze francs vingt-cinq centimes d'intérêt, ce qui fait que son argent est prêté à *dix-huit cent vingt-cinq* pour cent.

— Diantre! fit Mme Lecœur, mais c'est assez bien placer sa monnaie.

— Mais oui, c'est un assez bon métier, dit la mère Brichard; ça vaut mieux que de se brûler le tempérament à faire bouillir un tas de choses.

— Savez-vous qu'avec cent francs ainsi placés, c'est-à-dire vingt pièces de cent sous, cet homme si bienfaisant, ce protecteur des pauvres, se ferait *dix-huit cent deux* francs de revenu par an?

— Bon Dieu! le vieux coquin», s'écrièrent toutes les femmes.

Puis on n'y pensa plus. Mais nous autres, nous y pensions, et nous disions: En supposant que cet honnête philanthrope, cet homme honoré, respecté, vénéré dans son quartier, soit un homme d'ordre, un homme qui travaille, un homme venu à Paris, comme la plupart de ses compatriotes, pour s'amasser un petit *boursicaut*, afin d'acheter un petit morceau de terre dans la Limagne; si cet ami de l'humanité ne dépense pas ses cinq francs et leurs intérêts, que devient alors le célèbre calcul des grains de blé multipliés sur les cases de l'échiquier? Tous les quatre jours il a un franc. Il prête généreusement à toutes les femmes qui lui sont recommandées et dont répondent ses pratiques, et Dieu sait combien il y a dans notre ville de gens qui accepteraient ces conditions pour avoir le droit de travailler! En faisant le calcul des intérêts composés, au bout de l'année il se trouve avoir gagné avec *une pièce de cinq francs* 3,900,000 francs, ou 780,000 pièces de cinq francs.

Faisons maintenant un calcul plus facile, pour ceux qui n'auraient pas le temps d'additionner jour par jour pendant la durée d'une année de 365 jours.

Cinq francs, avons-nous dit, à cinq sols (25 centimes) d'intérêt par jour, rapportent 91 francs 25 centimes par année. Si dans l'année suivante on se sert de la somme *gagnée* pour ce même commerce, aux mêmes conditions, on obtient 1665 fr. 31 centimes, plus une fraction. La troisième année lui rapportera une somme de 30,391 fr. 90 cent. plus une fraction. La quatrième année le trouvera à la tête 654,652 fr. 17 centimes, plus fraction. Enfin la cinquième année donnera la somme énorme de 11,947,402 francs 10 centimes et fraction. A la septième année, le capital accumulé surpasserait considérablement la totalité de la monnaie circulant en France.

Et l'on parle de l'usure qui ronge nos campagnes, du paysan saigné à blanc, ruiné! Hélas! voilà ce qui se fait à Paris, au centre de la ville, dans tous les quartiers populeux. Abordez, dans la rue, n'importe quelle petite marchande criant ses légumes : si vous savez lui inspirer de la confiance, en lui parlant son langage, elle vous donnera l'adresse d'un de ces vampires qui s'attachent à l'existence du pauvre et sucent son sang jusqu'à ce que mort s'ensuive.

Il y a dans Paris peut-être mille sociétés de bienfaisance se partageant toutes les paroisses. De jeunes femmes du monde, des fils de famille, des hommes haut placés, vont chaque jour visiter les pauvres à domicile, leur porter du linge, du bois, des habits, du pain. C'est très bien : il n'est rien au monde que nous respections à l'égal de la charité, c'est une vertu toute divine.

Mais est-ce assez que de donner?

Ne devrait-il pas y avoir aussi une société qui encourageât le travail?

Ne serait-ce pas une grande et belle œuvre

que celle qui délivrerait de l'usure ces malheureux travailleurs?

Et pour cela il ne faudrait qu'une simple mise de fonds de quelques centaines de francs : car jamais, de mémoire de marchande, ces misérables usuriers n'ont perdu une seule pièce de cinq francs. Celle qui ne leur rapporterait pas, le soir, la somme prêtée le matin, serait montrée au doigt et vilipendée dans tout le quartier.

Nous prions M. l'abbé Mullois, dont nous avons lu avec intérêt les livres sur la charité, de prendre notre idée en considération.

Vous concevez qu'après avoir découvert des choses si extraordinaires : une loueuse de voiture à bras qui se faisait 12 à 15,000 livres de rentes; une cuiseuse de légumes des quatre saisons qui bénéficiait de 25 à 30,000 francs par an ; un philosophe élevant des vers pour les rossignols et des asticots pour la pêche qui gagnait autant qu'un chef de division et beaucoup plus que de célèbres feuilletonnistes ; enfin un monsieur auprès duquel nos plus illustres banquiers n'étaient que des philanthropes, nous ne pouvions nous arrêter dans nos pérégrinations : nous avions rencontré l'incroyable, nous voulions de l'impossible.

Nous avions rencontré les musiciens errants,

les joueurs d'orgue, les montreurs de singes et d'animaux vivants; — il y a là des maisons qui sont de véritables ménageries, — les impresarii de marionnettes y établissent leurs quartiers généraux. Ceux-ci ont importé toute une industrie dans la rue du Clos-Bruneau. Ils y font vivre toute une population, population curieuse, douce, bonne, presque artiste, qui rappelle de loin certains personnages des contes fantastiques d'Hoffmann. Elle est toute employée à la fabrication des fantoccini. Il y a d'abord le sculpteur en bois qui fait les têtes. Il est à la fois peintre et perruquier; il travaille dans le commun et dans le *soigné*. Il vend ses têtes jeunes, dans le *soigné*, de 2 à 4 francs; celles de vieillards à barbe et cheveux blancs, de 10 à 15 francs; une perruque simple, 12 sous; avec agréments et frisure, pour femme ou pour chevalier Louis XIII, 2 francs. A côté de lui se trouve l'habilleuse qui fait les costumes; on lui fournit les étoffes; lorsqu'elle travaille pour un spectacle bien établi, comme celui de M. Morin, rue Saint-Jean-de-Beauvais, elle gagne 2 francs par jour, *sans se donner trop de mal*. Puis viennent les cordonnières, celles qui font les souliers de satin pour les marionnettes danseuses et les bottes en chamois pour les chevaliers. Les souliers se vendent 4 sous la paire, les bottes 15 sous. Enfin, le véritable magicien de ce monde, celui qui *ensecrète* les bouisbouis. *Ensecréter un bouisbouis* consiste à lui attacher tous les fils qui doivent servir à le faire mouvoir sur le théâtre : c'est ce qui doit compléter l'illusion. Il faut une certaine science pour bien ensecréter, car celui qui est chargé de faire danser la marionnette doit ne jamais pouvoir se tromper et ne prendre jamais un fil pour un autre, faire remuer un bras pour une jambe; la disposition de l'ensecrètement doit être telle, qu'en voyant les fils détachés, celui qui a l'habitude de ces exercices doit dire : Celui-ci sert aux bras, celui-là aux jambes.

Dans vos promenades d'été à travers les bois, vous êtes-vous quelquefois arrêté sous la tonnelle, dans un de ces délicieux cabarets des environs de Paris, où les clématites, les volubilis, les capucines et les gobéas semblent se disputer à qui vous donnera l'ombre la plus fraîche et le parfum le plus suave; où la brise arrive douce et parfumée; où les oiseaux, se piquant d'amour-propre, vous chantent à qui mieux mieux leurs plus délicieuses cavatines? Et là, avez-vous été tout à coup réveillé par des chants barbares qui ont fait s'envoler à la fois les rêves et les oiseaux?

Vous avez rencontré devant vos yeux un vieillard, au teint basané, à l'œil fauve, aux haillons picaresques, râclant avec un morceau de plume sur une mandoline bizarre, une manière de Guzzla, quelque chose rappelant l'origine de la musique, une espèce d'écaille de tortue, comme devait être la lyre du poète Orphée.

C'est un tzigan de la Valachie, un bohémien, comme nous disons; un Zingari, un Gypsy, comme disent les autres du midi et du nord. Cet homme a une histoire, ce qui est rare.

Il est né à Bucharest; il était serf au service d'un boyard quelconque. Ce seigneur avait fait ses études à Paris; il retourna dans son pays avec les idées françaises. Son premier soin, en rentrant sur ses propriétés, fut de faire brûler, devant les paysans, tous les instruments de supplices, knout, batogues (baguettes), cordes, nerfs de bœufs. Les paysans, voyant cet auto-da-fé, ne comprirent qu'une chose, c'est que leur jeune seigneur les faisait libres, c'est qu'il abolissait le travail obligé. Car qu'est-ce que la liberté pour un tzigan de Valachie ou un nègre de l'Amérique, si ce n'est le droit de ne rien faire? On se mit à se promener, à jouer de la guzzla, à danser toute la journée. Les premiers jours, le Valaque crut qu'on lui faisait fête, que chacun célébrait à sa manière l'avénement des idées progressives. Mais bientôt il s'aperçut de l'erreur de tous ces braves gens ; et, pour les réintégrer dans les saines idées des amis de l'ordre, il leur donna à chacun un petit morceau de papier, en les priant de le porter au chef de la police de Bucharest.

Ces morceaux de papier étaient autant de bons pour cinquante coups de knout à se faire administrer par les valets de ville.

Le moyen était dur ; mais il paraît qu'il était bon, car, dès le lendemain, chacun se remit au travail, et, pendant un mois, personne n'eut un reproche à subir : les travaux étaient exécutés avec une exactitude merveilleuse. Mais, le mois suivant, on commença à se relâcher : les dos étaient cicatrisés ; on oubliait le terrible exemple du mois précédent ; on baguenaudait ; chacun en prenait à son aise. Il fallut revenir aux petits morceaux de papier, aux bons de knout. L'ordre rentra dans l'atelier. Notre jeune homme, reconnaissant l'excellence de son invention, ne trouva rien de mieux que d'assembler tous les premiers du mois ses serfs, et, de même qu'ici on fait la paie, on leur remettait à chacun un de ces terribles petits bons; qu'il fût content ou non, qu'on eût travaillé ou flâné, qu'on eût bien ou mal fait, c'était une affaire réglée, le premier du mois on recevait son petit morceau de papier.

Notre homme, qui était plus avancé que les autres, se fatigua de ce régime. Un jour, il prit sa guzzla sous son bras, tout ce qu'il put enlever sur son dos, et il partit à la grâce de Dieu, ne sachant où il allait. Mais, étant chez son maître, il avait entendu parler de Paris. Paris! Qu'est-ce que cela pouvait être? N'était-ce pas le pays où s'allume le soleil? N'était-ce pas la terre promise par les prophètes aux bienheureux de toutes religions? C'était la ville des plaisirs, du bon vin, des arts et de la liberté : que fallait-il de plus à notre maugrabin? Il aimait toutes ces belles choses-là. Il partit pour la patrie de ces beaux rêves.

Vous dire comment il fit les six cents lieues qui séparent Paris de la Valachie, cela serait toute une odyssée. Il eut quelques bonnes veines et beaucoup de misères. Il rencontra une troupe de bohémiens, il courut avec eux les foires d'Allemagne en qualité de musicien. Enfin ils arrivèrent sur les bords du Rhin; il contemplait déjà cette terre de France tant désirée, il s'y voyait arpentant les grandes routes. Mais hélas ! l'homme propose et Dieu dispose.

Il comptait sans la gendarmerie, cette noble institution qui existe partout, même en Allemagne ; ses compagnons, qui ne laissaient jamais rien traîner, avaient trop emprunté aux bons Germains pendant leur lourd sommeil de bière. On s'était fâché, la troupe fut appréhendée au corps. Ce qu'on lui reprocha, on n'en saura jamais rien. Toujours est-il que notre tzigan ne revit le Rhin et la terre française que six longues et sans doute bien tristes années après sa première contemplation.

Tant qu'il fut en Alsace, tout allait pour le mieux ; il avait appris la langue allemande pendant son long séjour en Saxe. Mais, dès qu'il eut quitté ces contrées, il se trouva dans une position identique à celle de la Sarrasine de la légende, la mère de saint Thomas Becket, nous croyons, qui partit de son beau pays d'Orient pour venir en Angleterre chercher un amant volage, en ne sachant que deux mots de la langue d'Occident, Londres et Becket. Le tzigan avait un désavantage sur elle encore : il n'en savait qu'un, Paris !

Enfin, à force de demander, il arriva. Le soir de son entrée, se croyant encore dans les plaines de la Roumanie, il se coucha sans souper sur le premier banc qui se présenta. Une patrouille passa ; on l'interrogea, lui et sa compagne de voyage, une jeune et belle gypsy qu'il avait ramenée d'Allemagne. Ils répondirent en allemand , on les conduisit à la préfecture. L'interprète du lieu leur dit que , s'ils demandaient une médaille de chanteurs des rues, on pourrait les rendre à la liberté.

Le lendemain , ils commencèrent donc leur nouvel état. La femme était jeune et jolie, elle faisait la quête. On est toujours généreux avec une jolie femme. L'homme amusait par ses grimaces et son instrument inconnu. Dans la journée ils posaient chez les peintres pour augmenter leur revenu. Il y a de cela quarante ans. L'homme chante toujours et joue toujours de la guzzla. La femme s'est faite tireuse de cartes ; elle vend des noix et des coquilles dorées dans lesquelles sont enfermés les arrêts du destin. Vous devez l'avoir vue aux Champs-Élysées. C'est une vieille femme au teint bistré , à l'œil noir, édentée, refrognée, ridée comme une pomme de l'année dernière. Paris leur a porté bonheur, ils sont aujourd'hui propriétaires !

Oui, propriétaires ! et de deux maisons encore ! Deux maisons sises à Paris, dans le quartier de

Lourcine, deux maisons *louées à la semaine*, rapportant deux mille huit cents francs.

Louées à la semaine ! Nous avons souligné ces mots, parceque beaucoup de nos lecteurs ne savent peut-être pas que cette mode anglaise est encore un emprunt fait aux vieilles coutumes de la France, coutume barbare, qui s'est perpétuée dans les quartiers pauvres, comme tout ce qui est laid et cruel. Le dimanche, les propriétaires viennent faire la ronde chez tous leurs locataires, recevoir leur argent ou donner congé dans les vingt-quatre heures. De cette façon, les mois n'ont que vingt-huit jours pour eux ; ils ont inventé des années de treize mois. C'est ingénieux et productif.

Notre tzigan est sans pitié pour les mauvais payeurs. Que si on lui parle de l'état qu'il continue d'exercer : Qu'appelez-vous demander l'aumône? dit notre homme en se drapant dans ses haillons. Je suis musicien, on paie mon talent; est-ce que Paganini demandait l'aumône quand il donnait un concert ?

—

III.

L'ARLEQUIN. — L'EMPLOYÉ AUX YEUX DE BOUILLON. — LES LOUEURS DE VIANDE. — LE PEINTRE DE PATTES DE DINDONS. — LE BOULANGER EN VIEUX, ETC.

J'ai dit que des membres de la commission centrale des propriétaires et habitants du douzième arrondissement m'avaient prêté le concours de leur expérience et me guidaient à la recherche des étrangetés qui n'appartiennent qu'à cette zone de Paris. Mais il commençait à se faire tard, la nuit s'avançait à grands pas ; de fumeuses chandelles s'égouttaient en longues stalactites au fond de toutes les boutiques : mes compagnons me quittèrent. Resté seul, je m'adressai à un des industriels de la localité que j'avais visités le matin. Il voulut bien m'accompagner.

« Savez-vous, me dit-il, comment mange une partie de cette population ?

— Je connais, répondis-je, le plat de viande à deux sous et de légumes à cinq centimes, et j'ai entendu parler du *hasard de la fourchette* et du bouillon à *jet continu.*

— Oui, mais ce que vous ignorez, c'est que les

ouvriers qui ont du travail mangent seuls le plat à deux sols; les autres se nourrissent tout simplement chez le *Bijoutier*.

— Le *bijoutier!* qu'est-ce donc? Serait-ce par hasard la fameuse soupe au caillou dont on m'a tant parlé dans mon enfance?

— Non; suivez-moi un moment, et vous verrez. Si vous avez des nausées, ne vous en prenez qu'à votre curiosité, et surtout bornez-vous à raconter ce que vous aurez vu; vous n'avez pas besoin de rien exagérer pour apitoyer utilement sur le sort de ces malheureux et appeler sur eux l'attention des gens compétents.

Nous descendions une de ces petites rues raides dont les pavés, appuyés les uns contre les autres, semblent se faire la courte échelle pour monter jusqu'au Mont-Saint-Hilaire. A la rue des Noyers, mon cicérone me dit :

— Visitons d'abord les alentours du marché. Voici la mère Maillard : c'est une *bijoutière* ou marchande d'*arlequins*. Je ne sais pas trop l'origine du mot *bijoutier*, mais l'*arlequin* vient de ce que ses plats sont composés de pièces et de morceaux assemblés au hasard, absolument comme l'habit du citoyen de Bergame. Ces monceaux de viandes que vous voyez là sont très copieux, et cependant ils se vendent un sou, indistinctement. Ce bon marché n'a rien d'étonnant. La mère Maillard a passé un traité avec les laveurs de vaisselle de presque tous les grands restaurants. Ces hommes, qui sont relégués dans une étuve où, d'un bout de l'année à l'autre, il restent soumis à une chaleur de soixante à quatre-vingts degrés centigrades, ont généralement vingt-cinq francs d'appointements fixes par mois ; mais ils se font de quatre à cinq cents francs par mois avec les restes, qui leur appartiennent.

Ce qu'on appelle en terme du métier les rogatons, c'est-à-dire tous les morceaux que la pratique laisse dans les assiettes, se vendent par seaux. C'est là ce qu'achète la mère Maillard, et c'est avec cela qu'elle compose ses *arlequins*. Le seau vaut trois francs. On y trouve de tout, depuis le poulet truffé et le gibier jusqu'au bœuf aux choux. Les ortolans, si on en mange à Paris, y coudoient familièrement le modeste beefsteak. Les eaux grasses, les os, les rognures, les épluchures, se vendent à part ; la graisse se met dans de petits barils, elle est achetée par les fabricants de lampions pour les illuminations, à raison de sept francs le baril. C'est un prix fait, comme les petits pâtés. Mais il y a là un terrible revers de la médaille : ces hommes ne peuvent jamais durer plus de trois ans à faire leur métier ; ils se cuisent, ils finissent par ne plus avoir de sang. C'est une espèce de glu, quelque chose comme de la confiture de groseilles, qui coule dans leurs veines. Les verriers, les chauffeurs de machines, sont dans un doux printemps auprès de ces pauvres diables, qui tous, pareils à des jokeys *entraînés* au moment des courses, sont d'une maigreur vraiment épique.

La mère Maillard *travaille* tous ces *rogatons ;* elle les assemble, elle les assortit, elle les approprie et les vend aux gens aisés pour les animaux domestiques, et aux pauvres pour leur nourriture.

— C'est triste.

— Je n'en disconviens pas. Quant aux os, je vais vous dire ce qu'on en fait. Avant d'arriver chez le marchand de noir animal, le tabletier ou le fabricant de boutons, ils sont cuits deux ou trois fois. D'abord le boucher les vend quatre sous la livre, sous le nom de *réjouissance*, aux bourgeois et aux grands restaurants , pour faire des consommés ; ceux-ci les cèdent au rabais aux traiteurs de quatrième ordre, qui en font des potages gras pour leurs abonnés ; enfin ces derniers les repassent aux gargotiers, qui en composent une espèce d'eau chaude, qu'ils colorent à grand renfort de carottes, d'oignons brûlés, de caramel et de toutes sortes d'ingrédients. Or, comme ces ingrédients ne peuvent donner ce que recherchent les amateurs, c'est-à-dire des *yeux* au bouillon, un spéculateur habile a inventé l'*employé aux yeux de bouillon*. Voici à peu près comme cela se pratique : un homme prend une cuillerée d'huile de poisson dans sa bouche, au moment où doivent arriver les pratiques, à l'heure de l'*ordinaire*, et, serrant les lèvres en soufflant avec force, il lance une espèce de brouillard qui, en tombant dans la marmite, forme les yeux qui charment tant les consommateurs. Un habile *employé aux yeux de bouillon* est un homme très recherché dans les établissements de ce genre.

— Mais cela doit avoir un goût détestable !

— Eh mon Dieu ! le goût ne se développe que par la pratique. Comment voulez-vous que des gens habitués aux arlequins de la mère Maillard deviennent des gourmets ? L'eau-de-vie, d'ailleurs, leur a brûlé le palais.

— Heureusement, ajoutai-je, les viandes que nous voyons pendues aux vitres de toutes ces gargottes me semblent belles et bonnes.

— Ces viandes ne sont là que pour le coup d'œil.

— Comment, pour le coup d'œil?

— Oui : ces quartiers de bœuf, de mouton et de veau pendus aux vitres des marchands de soupe, ne leur appartiennent pas : ce sont des *viandes louées*.

— Des viandes louées! De qui, et pourquoi?

— Pour servir de montre, pour achalander la boutique. Ces gens-là vendent le plat de viande six sols au plus, trois sols au moins; ils ne peuvent donc employer que de basses viandes. Et que voyez-vous chez eux? de magnifiques filets, de superbes gigots, de succulentes entre-côtes. S'ils donnaient cela à leurs pratiques, ils se ruineraient. Ils s'entendent donc avec des bouchers qui, moyennant redevance, consentent à leur louer quelquefois même des animaux entiers. Le loueur les reprend quand il en a besoin.

— C'est encore une industrie qui m'était inconnue. Je ne soupçonnais pas le *Loueur de viandes*. Cependant, dans nos visites rue Traversine et Clos-Bruneau, nous avons vu çà et là bouillir le pot-au-feu.

— Je le sais bien; mais alors c'est du pot-au-feu de *rognures et d'abats*.

— En vérité, les exploitants doivent être aussi pauvres que les chalands.

— C'est une erreur : ils gagnent beaucoup d'argent, et certains qui ont commencé avec des sous comptent aujourd'hui par louis. Les filles de la mère Maillard sont toutes quatre établies dans de bonnes boutiques. Leur mère a des succursales dans tous les marchés de Paris, et elle vend en gros à ses concurrentes.

— Il me semble entendre un conte fantastique

— Eh bien ! tout cela n'est rien. Si vous voulez me suivre, je vais vous présenter au Rothschild du quartier, au millionnaire qui fait la hausse et la baisse dans sa partie. Vous allez voir le père Chapellier, *Boulanger en vieux*, comme Mme Maillard est *traiteur en vieux.*

Le père Chapellier est un homme d'une soixantaine d'années environ. Son établissement est sans contredit le Creuzot du microcosme industriel de ces quartiers si ingénieux. De tous les inventeurs que nous avons visités, le père Chapellier est celui qui fait preuve de la plus grande imagination. Il faut être presque un homme de génie pour tirer des croûtes de pain tant de choses extraordinaires et leur faire produire les choses qu'elles produisent.

En 1815, le père Chapellier revint à Paris, car il a été soldat, comme tous les Français de son âge.

La réquisition était venue le prendre à dix-huit ans pour en faire un guerrier. A l'armée, il avait appris à tirer des coups de fusil, à échanger proprement un coup de sabre, à tuer avec élégance les ennemis et quelquefois les amis ; mais on ne lui avait rien enseigné qui pût le faire vivre. Il n'avait pas d'état, et à Paris le meilleur ouvrier, l'homme le plus habile, s'il n'a pas deux ou trois cordes à son arc pour les circonstances difficiles, risque fort de mourir de faim pendant une grande partie de l'année. Enfin, ne sachant que faire, le brave soldat de l'armée d'Espagne se fit *Ravageur.*

Encore une industrie qu'on ne connaîtra bientôt plus.

On donnait ce nom à des hommes qui, lorsque les rues avaient un seul ruisseau au milieu, y fouillaient avec un morceau de bois pour en retirer les clous de chevaux, les morceaux de fer ou de cuivre ; quelquefois, mais rarement, ils y trouvaient des pièces de monnaie. Leur récolte se vendait à la livre chez les marchands de ferraille. Les journées d'un *ravageur,* même des plus actifs, étaient fort minimes ; mais, en y joignant des commissions, l'ouverture des portières de voitures le soir et la planche faisant pont les jours de grandes averses, on pouvait en vivre très mal. L'administration municipale, sous prétexte qu'ils déchaussaient les pavés, a défendu l'industrie du ravageur, qui, d'ailleurs, devait être tuée par le système des rues à dos d'âne, avec deux ruisseaux sous les trottoirs. Aujourd'hui, il n'y a plus que les vieux Parisiens qui se souviennent de ce métier, et même de la planche sur laquelle il passaient pour ne pas se mouiller les pieds.

Chapellier rencontra quelques anciens camarades revenant de l'armée ; il eut honte de son état, quoiqu'il n'eût aucun préjugé et qu'il se fût souvent répété le fameux proverbe parisien : *Il n'y a pas de sot métier, il n'y a que de sottes gens.* Il renonça au *ravage* pour entrer chez un chiffonnier en gros de la Montagne-Sainte-Geneviève. Il devint *Trilleur.*

Lorsque vous voyez un de ces braves philosophes des faubourgs portant crânement son *cabriolet* sur le dos, ou une pauvre femme pliée sous son *cachemire d'osier,* vous ne pouvez vous figurer tout ce que renferment ces hottes pleines. Là se trouvent tous les débris de la création et de l'industrie : vieux os, tessons de verres, peaux d'animaux, chiffons de laine, de linge, de coton et de papier, loques de parures de fête et débris de festins, rogatons de toutes sortes, épaves recueillies sur toutes les côtes de la civilisation.

Le chiffonnier insouciant, gagnant sa vie au jour le jour, dormant sur le coin d'une table de cabaret, n'ayant le plus souvent ni feu ni lieu, vend sa récolte journalière aux hauts commerçants de la partie. Ceux-ci se chargent de la diviser, de mettre tous les objets de même nature ensemble, de les garder en magasin, jusqu'à ce qu'une occasion favorable de vente se présente. Ils emploient pour cette besogne des hommes et des femmes que l'on nomme trilleurs. Ces malheureux vivent douze heures de la journée dans une atmosphère empestée, à laquelle les exhalaisons des amphithéâtres d'anatomie ne sont pas comparables. Le salaire du *trillage* n'était guère plus élevé que le gain du ravageur; mais, du moins, Chapellier travaillait à couvert; il n'était plus exposé à rougir en rencontrant ses anciens camarades. A ceux qui lui demandaient ce qu'il faisait, il pouvait répondre : « Je travaille chez un négociant », et s'ils lui proposaient de l'aller voir, il disait : « Le patron nous défend de recevoir des visites à l'atelier. » Bref, il fit ce métier six mois; mais, habitué à vivre au grand air et à prendre beaucoup d'exercice, il dépérissait; le mauvais air le rendit malade. Il fut obligé de demander à la charité publique un lit pour se faire traiter.

A l'hôpital, il fit connaissance avec un *gaveur de pigeons,* qui lui proposa de le présenter à son patron, riche marchand de volaille de la Vallée. Il fut admis. Son nouveau métier consistait à se remplir la bouche de graines ou de pois, à ouvrir le bec des jeunes pigeons et à leur ingurgiter le tout dans l'œsophage. — « La chose vous paraît simple », nous dit-il, « mais vous ne pouvez vous figurer combien il est fatigant de *gaver* ainsi deux ou trois cents pigeons en une heure. »

Le père Chapellier gagnait quarante sous par jour à ce métier. Son ambition n'était pas satisfaite. En regardant autour de lui, il vit que les marchandes de volaille qui ne vendaient pas leur provision tout de suite étaient obligées d'en baisser le prix d'un quart par chaque jour de retard , de telle sorte qu'elles arrivaient même à la vendre à perte, quoique la marchandise eût la même apparence de fraîcheur que si elle venait d'être tuée. Et pourtant aucune cuisinière ne s'y trompait. Il s'inquiéta de ce prodige; on lui répondit que c'était uniquement parceque les pattes des dindes, qui étaient noires et brillantes le jour de leur mort, prenaient des tons de plus en plus grisâtres à mesure qu'on s'éloignait de ce moment.

Il n'en fallait pas plus à un homme de génie. Chapellier rentra chez lui et se mit à composer un vernis qui pût conserver aux gallinacées, bien des jours après leur trépas, ce lustre brillant qui orne leurs pattes et constate leur valeur auprès des gourmets. Deux jours après la révélation qui lui avait été faite, il revint triomphalement au marché; il pouvait s'écrier comme je ne sais plus quel ancien : *Eurèka!* ou comme je ne sais quel moderne : *J'ai trouvé!* Il expliqua et expérimenta sa découverte : toutes les commères s'y trompaient elles-mêmes. On fit des essais; on présenta de la volaille à pattes vernies aux plus fines cuisinières; elles se laissèrent prendre aux apparences. L'invention fut adoptée.

Le père Chapellier reçut des marchandes, sur toute volaille peinte, la moitié du quart qu'elles auraient perdu à la vendre avec ses pattes ternies.

Le métier de *Peintre de pieds de dindons* était assez lucratif, mais il fallait trop de surveillance pour se faire payer. Et puis l'ambition du père Chapellier n'était pas encore satisfaite; il n'avait pas, ce qui était le but de sa vie, un établissement à lui, *son* petit *dada,* traînant sa petite carriole. Vous voyez qu'il y a déjà loin du modeste ravageur, demandant simplement à gagner sa vie, au *brillant coloriste* devenu la Providence des dames de tout le marché. Aussi vendit-il son secret et sa clientèle à un ami moyennant 1,000 francs. Ce successeur est aujourd'hui retiré avec de belles rentes, ce qui ne fait l'éloge ni de la sincérité des marchandes de volaille, ni de la perspicacité des cordons bleus, ni de la délicatesse du palais des Parisiens.

—Je voulais *m'établir,* me dit le père Chapellier. Mille professions se présentaient. Je ne pouvais passer devant une boutique sans envier le sort de celui que j'y voyais installé. J'interrogeais tout le monde; chacun me donnait un conseil; chaque soir j'arrêtais un plan, qui était abandonné le lendemain. Je me croyais né tantôt pour être fruitier, tantôt pour être traiteur, tantôt pour être marchand de vins. Mais je connaissais mes capacités absorbantes, et j'avais peur de manger et de boire mon fonds. Et puis j'avais trop d'amis, et les crédits m'effrayaient. Il me fallait donc quelque chose qui ne fût pas de consommation immédiate. Enfin j'allai voir mon premier patron, dans l'intention de m'associer avec lui. Savez-vous combien il me demanda pour m'intéresser à ses affaires?

— Non ; vos mille francs, peut-être?

— Vous n'en approchez pas; il me demanda 50,000 francs comptant.

— Diantre! 50,000 francs pour être chiffonnier en gros!

— Aujourd'hui cela ne m'étonne plus, je connais le métier : on peut y devenir facilement millionnaire, et mon patron l'est devenu deux fois. C'est néanmoins à lui que je dois le *petit bien-être* dont je jouis. J'étais arrivé dans ses magasins au moment de la vente du matin, c'est-à-dire lorsque les chiffonniers errants viennent débiter leur hottée. On les paie toujours au comptant; il n'y a pas de crédit dans ce métier-là: ces pauvres gens ont besoin du prix de leur journée pour vivre. Une chose me frappa : ce fut la grande quantité de morceaux de pain qu'ils avaient en leur possession. Je les questionnai; je sus comment tous ces rogatons leur arrivaient et comment ils s'en défaisaient. J'eus l'idée de m'établir *boulanger en vieux* et de vendre en gros ce que les autres vendaient au détail.

Le père Chapellier venait, en effet, de trouver la route qui devait le mener à la fortune. Il ne perdit pas de temps. Le jour même, il fit acquisition d'un petit bidet et d'une charrette; il loua une grande pièce dans un des anciens colléges si nombreux dans ces vieux quartiers, et il alla voir tous les garçons de cuisine des grands établissements scholaires du douzième arrondissement. Ceux-ci étaient habitués depuis longues années à donner leurs morceaux de pain aux chiffonniers: ils crurent avoir affaire à un fou; ils acceptèrent toutefois ses propositions.

Le succès que notre homme obtint auprès des cuistres de collége ne fit que l'encourager : il résolut d'accaparer toutes les croûtes de pain de la ville, de façon à ne pas laisser de place à un concurrent. Il vit tous les laveurs de vaisselle des restaurants grands et petits, il s'entendit avec les chiffonniers, et fit à chacun des avantages qu'il ne pouvait rencontrer nulle autre part. Lorsque toutes ses précautions furent bien prises, un matin, il s'établit à la halle avec des bourriches vides et de gros sacs pleins autour de lui. Au dessus de sa tête on lisait cet écriteau : *Croûtes de pain à vendre.* Le spéculateur connaissait son Paris; il savait que la population parisienne qui fréquente les barrières a pour la gibelotte de lapin un goût tout particulier. Or, pour élever des lapins, même sans avoir la bizarre ambition de M. Maldant, de s'en faire 3,000 francs de rentes, il faut, outre les choux, beaucoup de pain. Les poules qu'on engraisse pour la consommation sont aussi presque exclusivement nourries avec les miettes de la desserte parisienne. Les chiens et tous les animaux domestiques en absorbent également des quantités prodigieuses.

Le père Chapellier, qui vendait sa bourriche pleine 6 sous, c'est-à-dire beaucoup meilleur marché que le pain de munition, eût bientôt attiré à lui tous les petits éleveurs de la grande et de la petite banlieue. Au bout d'un mois, il put, en comptant son bénéfice, constater qu'il avait eu une idée extrêmement fructueuse.

Il avait presque doublé son fonds, et cependant il n'avait pas encore donné à son commerce toute l'extension possible : il était seul ; il ne pouvait faire sa récolte aux quatre coins de Paris avec la promptitude dont elle avait besoin pour être réellement productive. Il ne pouvait paraître sur le marché que tous les deux jours, et il fallait absolument y prendre place tous les matins. Il aurait bien pris un aide, mais sa maison n'était pas encore suffisamment établie, et, en divulguant son secret, il pouvait se susciter un concurrant dangereux. Enfin il se souvint d'un proverbe qu'il avait souvent entendu répéter par les Italiens enrôlés dans son régiment, et que nous avons arrangé ainsi : Qui va *piano* va *sano*. Il se dit : Puisque tout un peuple se conduit d'après cet axiome, il doit être bon.

« — Que vous dirai-je ? continua le père Chapellier : chaque jour je passais de nouveaux marchés avec les tables d'hôte, les cafés, les chefs de grandes maisons, les cuisiniers, et même les sœurs de communautés religieuses ; tous les matins je voyais augmenter ma clientèle. Quatre mois après ma première apparition à la halle, j'avais trois chevaux et trois voitures continuellement occupés; nous étions en 1820. Je voyais venir le moment où je pourrais me retirer à la campagne et jouir en paix de mes épargnes. Vous savez que c'est là la *toquade* de tous les Parisiens ; ils se figurent, eux qui sont nés dans des rues où le ruisseau tient plus de place que le pavé, qu'ils ne pourront être heureux que sur le bord des claires fontaines, dans des prés émaillés de fleurs. Tous ceux qui l'ont essayé se sont ennuyés à périr, et ils se sont hâtés de revenir ici contempler la belle nature dans la rue Saint-Jacques ou dans la rue de la Harpe. J'ai eu cette folie-là aussi. J'en suis guéri.

Mais je lui rends grâces, car c'est elle qui m'a poussé à donner de l'extension à mes affaires. »

Dans son commerce, le père Chapellier se trouvait nécessairement en rapport avec les cuisinières, les bouchers et les charcutiers, tous grands amateurs de chiens. Peu à peu il s'initia aux secrets de ces diverses professions ; il apprit que tous ces hommes usaient des quantités considérables de chapelure pour les côtelettes, les gratins, etc. La chapelure, qui se fait avec du pain sec pilé ou râpé, se vendait 8 sous la mesure. Cette mesure était d'une capacité un peu moindre que le litre. Il s'établit *fabricant de chapelure.* Il en livra le litre, mesure légale, pour 6 sous. Cette baisse de prix lui attira tous les consommateurs. En moins de six mois, il dut encore se procurer des chevaux et prendre des ouvriers.

— Monsieur Chapellier, lui dis-je, vous êtes comme tous les ambitieux , insatiable.

— Que voulez-vous ! je ne suis pas meilleur que les autres. Je commandais une escouade ; je voulus une armée. Quand je l'eus, cette armée, eh bien ! elle m'ennuya ; je désirai avoir autre chose.

En effet, à son commerce de *boulanger en vieux*, à sa fabrique de chapelure, cet homme de génie joignit bientôt une fabrique de *croûtes pour la soupe.*

Dans les morceaux que lui livraient ses vendeurs, il avait vu des croûtes de deux espèces : de bonnes et de gâtées. Il avait bien eu la pensée de les diviser et d'en faire des lots séparés ; mais le gain ne lui parut pas assez réel pour s'y arrêter. Il aima mieux inventer une nouvelle industrie. Il fit des *croûtes au pot.*

Vous avez vu chez les épiciers de ces morceaux de pain croustillants que les ménagères achètent avec empressement les jours de pot-au-feu. Eh bien ! défiez-vous de ces choses si appétissantes dans les potages gras ; défiez-vous des soupes au pain des petits restaurants ; défiez-vous surtout des purées aux croûtons. Tout cela sort de la fabrique du père Chapellier ; tout cela est le reliquat du pain distribué aux enfants dans les colléges, les pensionnats et les séminaires ; tout cela provient de morceaux que vous avez laissés il y a quinze jours sur le coin de votre table. Heureusement, dit-on, le feu purifie tout.

Ces espèces d'éponges noircies se vendent moins cher que le pain ordinaire. Aussi la consommation qu'on en fait dans les petits ménages, chez les petits gargottiers des halles, pour la soupe et le café au lait, est-elle prodigieuse. Cette fabrication forme la meilleure part du revenu de M. Chapellier. Il a établi aux environs de la barrière Saint-Jacques des fours qui ne refroidissent jamais, et où sont empilés des milliers de livres de pain, qui servent tant à la *chapelure* qu'aux *croûtes au pot*. Une multitude d'ouvriers, hommes, femmes et enfants, sont occupés à piler et à râper la marchandise à la sortie du four. On met de côté les parties carbonisées, dont on fait du *noir de pain* pour blanchir les dents. Cette poudre est ensuite passée au tamis de soie et vendue aux parfumeurs comme poudre dentifrice.

Rien n'est plus curieux que les magasins du père Chapellier. Ce sont d'immenses pièces où il arrive à chaque instant des montagnes de pain. On *trille* toutes ces croûtes. A droite sont les mannes destinées aux hommes; à gauche celles qu'on destine aux lapins. Tout cela se fait avec un ordre et une propreté extrêmes. De jeunes filles font les paquets de *croûtes au pot*, après les avoir pesées, et des enfants tout noirs, semblables aux jeunes nègres des colonies, emplissent de grandes boîtes de poudre. Le propriétaire est parmi ses travailleurs, commandant, causant, riant, plaisantant.

Je sortais émerveillé de ma conversation avec ce modeste homme de génie.

« Le père Chapellier est donc bien riche ? demandai-je à mon introducteur.

— Malgré tout ce que lui ont mangé les femmes, il ne connaît pas sa fortune.

— Ce qui veut dire sans doute qu'il a trois ou quatre mille francs de rente?

— Allons donc! Le chevalier Langlois, dont vous voyez les belles voitures dorées porter dans tout Paris des allumettes et du cirage, a quatre-vingt mille francs de rentes. Il a donné cent mille francs à chacune de ses filles en les mariant. Le père Chapellier n'a pas d'enfants, et son métier est bien meilleur que celui de M. Langlois. »

Je me rendis à cette raison, mais en n'admettant que la première moitié du proverbe de M. Chapellier : « Il n'y a pas de sot métier », et je ne pus m'empêcher d'ajouter : « Si ce n'est tous ceux qui s'adressent à l'intelligence, au lieu de s'adresser à l'estomac. L'humanité pense un peu et quelquefois; elle mange toujours et beaucoup. »

IV.

LE MARCHAND DE FEU. — LES BRICOLEURS. — LES RÉVEILLEURS. — L'ANGE GARDIEN. — LE FAVORI DE LA DÉESSE. — LES CONTREMARQUES JUDICIAIRES.

Après avoir étudié Paris dans tous les sens, j'en suis arrivé à formuler ainsi le fond de ma croyance : Si on me disait qu'il existe dans quelque rue éloignée un homme qui fait des manches à couteaux avec les vieilles lunes, je le croirais.

Paris a usé toutes mes facultés d'étonnement. Je ne fais plus de commentaires ; je regarde, j'écoute, et je dis : « C'est possible. » J'ai tout vu dans mes courses à travers la cité des misères ; j'y ai rencontré des hommes de génie, des Colombs qui, pour manger le jour et dormir la nuit à couvert, sont obligés chaque matin de découvrir quelque nouvelle Amérique.

Dans mes précédents articles je vous ai parlé du *boulanger en vieux*. Je continue la galerie. Le premier portrait qui se présente est celui du *marchand de feu*.

M. Jannier est un homme de trente-cinq ans,

à large poitrine, aux cheveux rejetés en arrière comme une crinière de lion. Le visage est franc et ouvert. Il porte toujours des habits de velours à larges basques, des paletots-sacs et de larges pantalons à la hussarde. En le voyant passer, un vieux Parisien physionomiste le prendrait plus volontiers pour un sculpteur ornemaniste que pour un commerçant. *Il a l'air artiste*, et il aime les arts. Dans sa jeunesse il a tant soit peu *cabotiné*, mais, l'âge lui ayant mûri la raison, il a renoncé à Satan, à ses pompes et à ses œuvres. Il aime certes encore les théâtres du boulevard, les mélodrames et les vaudevilles pleurnicheurs, mais son rêve est ailleurs : il veut faire fortune.

M. Jannier rêve le bien-être, la *demi-fortune* avec un cheval pour aller voir à son aise, dans *sa* stalle prise à l'avance, *ses* comédiens chéris. Son ambition suprême, son utopie, c'est de réunir, dans une villa blanche à volets verts, sous *sa* tonnelle, MM. Surville, Francisque jeune, Saint-Ernest et Chilly, ses plus anciennes admirations, et de connaître à la ville MM. Lacressonnière et Deshayes, ce qui lui permettrait peut-être de tutoyer MM. Christian et Ernest Vavasseur, des Folies, et de saluer en plein jour les dames de théâtre sur le boulevard. C'est là le mobile qui a fait agir notre inventeur, l'étoile qui l'a conduit à la découverte.

Les dames des halles et marchés, qui restent toute une journée exposées à l'intempérie des saisons, se servent toutes, pendant sept mois de l'année, de chaufferettes en bois doublées de tôle et de ces horribles petits pots en grès qu'on nomme des *gueux*. Elles les posent sur leurs genoux pour se réchauffer les doigts. Ces dames faisaient faire leur chaufferette et leur gueux chaque matin, et souvent deux fois par jour, chez les charbonniers voisins. Elles payaient les deux feux trois sous, et souvent elles étaient obligées d'attendre le bon plaisir et le réveil de messieurs les Auvergnats. Ces messieurs étaient indispensables, ils dormaient leur grasse matinée.

M. Jannier *bricolait* à la halle, c'est-à-dire qu'il y faisait à peu près tout ce qu'on voulait, qu'il était au service de qui désirait l'occuper, qu'il était porteur, commissionnaire, et qu'il remplaçait, au besoin, messieurs les forts, lorsque le faix était trop lourd pour l'échine de ces privilégiés. M. Jannier donc avait remarqué, pendant ses longues nuits passées à attendre l'ouvrage, la négligence de ces hauts barons du commerce de charbon. Il résolut de les supplanter. Il avait une idée, idée féconde, qui, bien dirigée, devait inévitablement conduire son inventeur à cette *demi-fortune* tant rêvée, à cette stalle si enviée.

Il se dit : « Je ne puis arriver à mon but qu'en donnant meilleur et à plus bas prix, qu'en allant complaisamment au devant de la pratique au lieu de l'attendre couché. Les Auvergnats garnissent les chaufferettes avec du poussier de charbon, qui peut être dangereux; il me faut trouver quelque chose d'inoffensif, qui donne autant de chaleur et brûle plus long-temps. » Il réfléchit, il chercha, il fit des essais, enfin il trouva la *motte carbonisée !*

Il avait barre sur les fournisseurs, il pouvait afficher partout : « Plus de maux de tête ! » M. Jannier était inventeur, ses concurrents n'étaient que de vulgaires marchands. M. Jannier avait du génie, il était dans le progrès, tandis qu'eux ils restaient dans la routine.

Vers la fin de l'hiver de 1836, alors que les dames de la halle n'usaient plus de feu que pendant les longues attentes nocturnes, et qu'elles n'arrivaient qu'au moment où les charrettes des maraîchers, jardiniers et montreuils (marchands de fruits) débouchaient sur le carreau, il s'approcha des groupes, prit part aux conversations, plaisanta agréablement ces dames, qui se laissaient faire la loi par les *charabias*. On le connaissait pour un bon enfant, on le laissa dire; enfin il leur fit insidieusement cette question :

« — Que penseriez-vous d'un homme qui n'est ni Auverpin ni Charabia, et qui chaque matin vous ferait votre chaufferette, à votre place, sans que vous vous dérangeassiez, sans que vous eussiez à vous en occuper, et qui serait à vos ordres à toutes les heures du jour et de la nuit ?

— Nous dirions : Celui-là est un bon garçon ; il ferait notre affaire et la sienne.

— Eh bien ! ce garçon-là, ce sera moi, car je m'établis *marchand de feu* l'hiver prochain. »

Une idée nouvelle, un homme voulant faire autrement qu'on n'avait jamais fait, souleva un *tolle* général, un haro universel. Avant que personne sût ce qu'était l'affaire, on en avait décidé l'exécution impossible, les essais même inutiles; il n'y fallait plus songer. M. Jannier subit toutes les plaisanteries, tous les mots ironiques, avec le calme du génie. Il était fort, car il était confiant en lui-même ; il laissa passer l'orage. — Se chauffera bien qui se chauffera le dernier, se disait-il.

Dès le lendemain, il loua là-bas, sur les bords de la Bièvre, presque dans les champs, rue Croulebarbe, une espèce de masure abandonnée, un toit et une grande pièce entourée de murailles. Là, avec quatre pavés pris dans les terrains vagues, un étouffoir de tôle acheté d'occasion, il commença son établissement. Il s'était placé en plein douzième arrondissement, au centre des tanneries, afin d'avoir sa matière première sous la main. Une petite charrette à bras lui servait au transport de ses achats, et un grand coffre de bois doublé de ferblanc servait de magasin aux marchandises fabriquées. Avec ce modeste matériel, M. Jannier se mit à la besogne. Il établit un courant d'air dans sa chambre; les pavés lui servaient de fourneau. Il jouait sa fortune sur une carte; il était parti à la grâce de Dieu, comme ces hardis marins qui vont à la recherche des mondes inconnus. Il n'avait avec lui que son courage et sa bonne volonté. Il commençait avec 600 fr. en beaux écus sonnants.

Pendant tout l'été, il passait ses journées dans son laboratoire, sans vêtements, subissant à peu près la température du pain dans un four de boulanger. Tout autre y serait mort; mais il était tenace, courageux, entreprenant; il voulait avoir raison des rieurs. Malgré ses travaux du jour, M. Jannier n'avait jamais cessé d'aller à la halle aider les marchands pendant la nuit. Il y faisait l'ouvrage de trois hommes de première force ; mais il s'était solennellement promis de ne pas toucher au capital consacré à son établissement, et il fallait vivre chaque jour.

Vers la fin de l'été, il construisit un fourgon doublé intérieurement et extérieurement de forte tôle. Il l'adapta aux roues de sa charrette à bras, et, dès que les premiers froids se firent sentir, par une nuit fraîche et bien étoilée de la fin de septembre, il apparut tout à coup sur le carreau des Innocents, traînant derrière lui quelque chose de noir qui avait toutes les apparences d'un coffre de deuil. Au moment où on s'y attendait le moins, on entendit tout à coup ce cri bizarre, qui fit retourner toutes les têtes :

« Feu ! feu à vendre ! Voici le marchand de feu ! Mesdames, approvisionnez vos chaufferettes ! Voici le marchand de feu ! »

Sa voix mâle et sonore avait traversé le marché de la rue Saint-Denis à la Halle aux Draps. Un immense éclat de rire accueillit ce cri bizarre, qui venait augmenter la collection des cris de la rue. Mais il avait excité la curiosité, on s'approchait, on voulait voir, on voulait savoir. Les plus hardies d'entre les marchandes se hasardèrent à lui demander de voir sa marchandise. Lui, toujours galant et conservateur fidèle des traditions de la chevalerie française, il s'empressa de leur montrer l'intérieur du fourgon, qui semblait une fournaise ardente. Elles firent *faire* leurs chaufferettes pour un sou, et dès le lendemain elles se chargeaient, en caquetant, de lui rendre inutile toute publicité. On ne parla plus dans les halles que du nouveau commerçant. La mode vint de se faire faire sa chaufferette et son gueux par le marchand de feu, qui était si gai, si bon enfant, qui avait toujours le mot pour rire.

Aujourd'hui M. Jannier emploie quinze à vingt vieilles femmes à sa fournaise; elles carbonisent des mottes tous les jours de l'année, hiver comme été. Il a quatre vigoureux chevaux percherons qui traînent, non plus des voitures doublées en tôle, mais des espèces de locomotives en fer battu, qui ont des noms inscrits en lettres noires sur des plaques de cuivre : *Vulcain*, *Polyphème*, *Cyclope*, *Lucifer*, absolument comme les machines d'un chemin de fer. Ces voitures distribuent du feu à toutes les femmes des halles et marchés de Paris, depuis le faubourg Saint-Antoine et le Temple jusqu'aux faubourgs Saint-Germain et Saint-Honoré. Outre cela, il fournit les chaufferettes des vieillards de plusieurs grandes maisons de refuge, et, si l'administration de l'assistance publique mettait en adjudication la fourniture de feu aux femmes de la Salpêtrière et aux vieillards de Bicêtre, M. Jannier soumissionnerait, et son rêve, qui est déjà aux trois quarts réalisé, se trouverait surpassé. Il pourrait recevoir à sa table chaque jour MM. Deshayes, Saint-Ernest, Christian, Ernest Vavasseur, venir voir jouer ces messieurs dans *sa* loge prise au bureau de location, et s'y faire mener, non pas dans *sa* demi-fortune, mais bien dans une bonne et douce calèche traînée par deux beaux chevaux du Mecklembourg.

Certes il y a des fortunes immenses à la halle, mais il ne faut pas croire pour cela qu'il suffise d'approcher du carreau des Innocens et d'avoir une idée pour à l'instant voir les croûtes de pain et le feu de mottes se changer en or. Là aussi il y a les vaincus de la fête, les Pierres qui roulent en n'amassant point de mousse. Il gravite autour des marchés une infinité de pauvres hères qui ne gagnent leur pain qu'avec des peines infinies et qu'en l'arrosant de leur sueur. Ceux dont nous parlions tout à l'heure, les *Bricoleurs,* par exemple, sont des gens actifs, entreprenants, hardis, qui ne reculent devant aucun travail, qui s'offrent pour tout faire, qui portent des fardeaux à assommer un bœuf, font dix lieues avant le lever du soleil, sont prêts à toute course, à toute commission, à tout labeur connu ou inconnu. Ils n'épargnent ni leurs bras ni leur corps; ils sont dévoués, probes; ils ont toutes les qualités qui distinguent l'honnête homme, et cependant ils ne recueillent pour tant de qualités qu'un salaire souvent insuffisant.

La *Réveilleuse*, qui passe toutes les nuits à parcourir en tous sens les quartiers de Paris pour aller réveiller les marchands, les forts, les porteurs et les acheteurs de la halle, n'a que dix centimes par personne et par nuit. Souvent il lui faut héler sa pratique pendant un quart d'heure avant d'en recevoir une réponse. Pour peu qu'un coup de *picton* de trop se soit égaré dans le gosier de l'abonné, il s'endort la tête lourde; la pauvre réveilleuse est obligée de monter trois ou quatre étages pour l'arracher aux douceurs du lit. Elle est reçue par des grognements, des bourrades. Rien ne l'émeut : elle a sa conscience pour elle; elle sent qu'elle fait son devoir, et elle sourit encore à ceux qui l'injurient, persuadée qu'elle est que le lendemain ils la remercieront de son insistance.

L'état de réveilleuse est un des plus durs et des plus fatigants de tous ceux qui s'exercent aux alentours des halles et marchés, et néanmoins c'est un des moins rétribués. Jadis les réveillés donnaient aux réveilleuses de quatre à six sous; mais, aujourd'hui que les affaires vont bien, que les loyers augmentent, la concurrence s'en est mêlée, et, quoique les somptueuses bâtisses de la rue de Rivoli aient éloigné du quartier presque toute la population des halles, il y a des réveilleuses qui s'offrent à dix centimes, et qui sont obligées, pour satisfaire leurs pratiques, de se transporter jusqu'au fond des faubourgs bien avant l'heure qui leur est désignée. Auparavant, lorsque l'agglomération existait dans le quartier St-Denis, une bonne réveilleuse (car là comme partout il y a des gens qui ont du talent, qui sont plus ou moins appréciés; les voix claires et perçantes, par exemple, sont surtout recherchées), une bonne réveilleuse, disions-nous, pouvait avoir jusqu'à quinze et vingt clients, ce qui lui faisait une journée de trente à quarante sols par jour, sans compter les bonis, plus les ménages des réveillés, qui lui étaient presque toujours octroyés. Aujourd'hui il est presque impossible, avec la dissémination causée par les démolitions nouvelles, d'en réunir plus de cinq ou dix. C'est donc un état perdu, pour le moment du moins.

L'*Ange gardien* semble devoir subir le sort des

réveilleuses ; il a beaucoup perdu de son importance avec les démolitions, mais il lui reste une ressource : il se retire aux barrières, où il aura encore de l'ouvrage pendant de longues années.

Mais, à propos, qu'est-ce qu'un ange gardien ? Je vais vous l'expliquer. On nomme ainsi un homme qui est préposé, chez les marchands de vins et dans les cabarets en renom, à la surveillance des ivrognes. Il les prend sous sa protection, il les reconduit chez eux, et il en répond au cabaretier qui les a confiés à ses bons soins. Il doit les défendre, au besoin les coucher, en un mot ne les quitter qu'alors qu'ils sont en sûreté, loin de la portée des voleurs dits *au poivrier*, gens sans foi, sans croyance, qui dévalisent les ivrognes, sans respect pour le dieu Bacchus, dont ils sont les fervents adorateurs.

N'est pas ange gardien qui veut. On ne peut se figurer toutes les qualités qui lui sont demandées. Il passe un examen où plus d'un bachelier échouerait. Un bon ange gardien doit être sobre ; sans cela il boirait avec son protégé, et tout serait perdu.

Les ivrognes veulent toujours boire, même alors qu'ils ne peuvent plus porter leur vin. Et il n'y a pas de femme désirant une parure, de solliciteur demandant une place, qui emploient plus de détours, plus de paroles doucereuses, plus de flatteries, que l'ivrogne. Il devine toutes les insinuations, toutes les câlineries des coquettes les mieux exercées, pour arriver à son but. L'ange doit demeurer ferme, impassible, ne se laisser induire en aucune tentation, aller droit son chemin, n'accédant à aucune prière, ne se laissant intimider par aucune menace. Il doit être brave, en effet, car il faut qu'il tienne tête à ceux qui ont *le vin mauvais*, qu'il soit toujours prêt à se jeter au milieu de la rixe lorsque le client se livre à ses ébattements sur les épaules de quelque passant peu endurant. Et puis, de quelle patience ne doit-il pas être doué pour comprendre et réfuter toutes les divagations que suggère le vin dans ces cerveaux exaltés, en délire, qui semblent jouer aux propos interrompus. Il doit savoir flatter la manie de son compagnon, entrer dans ses vues, le comprendre, s'en faire écouter et l'intéresser par une conversation vive et animée. C'est alors qu'il rendrait des points à tous les diplomates pour la finesse, l'à-propos de ses réparties, et sa façon de plaider le faux pour arriver au vrai. A toutes ces qualités morales l'ange gardien doit joindre les qualités physiques les plus remarquables. S'il n'est adroit, vigoureux, ingambe, il devient impropre à remplir ses fonctions, car il lui faut souvent emporter son homme sur ses épaules pour l'arracher aux tentations et aux collisions si fréquentes aux barrières et à la halle.

Eh bien, toutes ces qualités, toutes ces vertus, (car, si nous n'avons pas compté la probité la plus stricte, c'est que les anges gardiens la jugent si naturelle chez eux, qu'ils n'en parlent même pas), ces périls qu'ils affrontent, tous ces ennuis qu'ils subissent, sont cotés comme les fonds à la bourse. Ces hommes, qui sont si bien nommés, ne gagnent souvent pas de quoi s'entretenir. Chez les marchands de vins, où se réunissent les véritables ivrognes, aux *renommées*, aux *guoguettes* (maisons où l'on chante), il est établi qu'un homme qui ne peut plus se tenir doit être reconduit. Pour cela, il donne ce qu'il veut à son ange gardien, qui se fie à la générosité du buveur; mais celui-ci ne peut jamais donner moins de cinquante centimes : c'est une règle établie, une convention adoptée, à laquelle personne ne manque.

Celui qui refuserait d'acquitter cette dette serait renié par ses confrères, car il porterait préjudice à la sûreté de tous. En effet, dès qu'un homme est mis entre les mains d'un ange, eût-il cent francs dans ses poches, le lendemain en se réveillant il est certain de les trouver tels qu'il les y avait mis. On ne se souvient pas, de mémoire d'ivrogne, d'un seul buveur qui ait été dépouillé ou qui ait eu à se plaindre des procédés de son ange gardien, car à toutes les qualités énumérées plus haut il faut encore joindre la politesse.

Généralement ils sont nourris par les marchands de vins qui les emploient, auxquels ils rendent de menus services, et qui les en récompensent en leur donnant par ci par là un morceau à manger.

L'ange gardien est ordinairement une espèce de poète, un rêveur, qui aime la vie contemplative; c'est le lazzarone de Paris; il se contente de peu et vit dans ses rêves à la recherche d'un inconnu quelconque. Sa journée ordinaire ne monte jamais à plus de trente ou quarante sous; mais il a ses dimanches et ses jours de réunion. Les habitués le respectent et sont pleins d'attentions pour lui. Ils ne commandent jamais un repas sans l'inviter à y prendre place. Il vit heureux de cette considération et fier de sa conscience pure et sans tache. Il ne fait pas d'économies, mais il se crée de bonnes relations pour les mauvais jours. On en cite deux qui ont été portés sur le testament d'un riche ivrogne, ancien banquier, qui fréquentait le cabaret de l'*Arrosoir*, à Montparnasse, et qui, malgré ses rentes et sa passion pour le vin à six, avait su garder au fond de son cœur assez de reconnaissance pour se souvenir, à son lit de mort, des deux pauvres diables qui lui avaient tant de fois épargné le dangereux bonheur de coucher dans les champs.

A côté de ces bonnes, belles, fortes et franches natures, pourquoi placer ce petit homme à jambes grêles et à gros ventre, cet esprit faux, cauteleux, chicaneur, âpre au gain, cet être amphibie, moitié avocat, moitié accusé? C'est qu'ici, comme partout, tout est contraste, tout est antithèse. Nous allons entrer dans le monde qui ne vit que le code à la main et qui étudie sans cesse la manière de poser le pied entre ses paragraphes, sans jamais marcher sur un article criminel. C'est ce qu'ils nomment, dans leur argot, faire *suer Thémis*, et les praticiens qui exercent l'état, qui vivent des conseils qu'ils donnent pour faire éviter les rigueurs de la loi, prennent le nom de *Favoris de la déesse*. Ces gens connaissent le code mieux qu'ils n'ont jamais su le catéchisme; ils en savent le fort et faible, ils en ont étudié tous les détours, et ils se promènent à l'aise dans le labyrinthe des lois. Certes, leur industrie n'est pas parfaitement honorable; un bourgeois de la rue Saint-Denis ou un fabricant du faubourg n'y destinera pas ses fils, et nous ne la consignons ici que parceque nous désirons autant que possible faire de ces études une galerie complète.

Une façon d'huissier marron, d'homme d'affaires ténébreux, plus retors qu'un procureur, tient son cabinet chez un marchand de vin du quai aux Fleurs, au milieu des tables de marbre, dont l'une lui est réservée. Lorsque je pénétrai dans ce cabinet, toutes ces tables étaient occupées. Je m'emparai de la seule libre. Je vis que cette action si simple semblait produire un effet inaccoutumé dans l'endroit. On me regardait en dessous ; toute la race des *rats du palais* qui fréquentent l'établissement, praticiens, recors, grossoyeurs d'études de bas étage, gratte-notes, en un mot toute l'aimable engeance commençait à murmurer. En effet, j'avais fait une école ; j'avais eu l'imprudence de m'asseoir à la TABLE DE M. AUGUSTE.

M. Auguste est le mamamouchi, le grand-vizir, l'homme saint de l'établissement. Il est choyé, envié, admiré ; on rit de ses bons mots. Il y entre en triomphateur. On se lève, on se découvre à son approche. Comme Jupiter, il fait trembler tout ce peuple en fronçant le sourcil. Heureusement pour ma pauvre personne, j'étais en compagnie d'un homme qui avait l'insigne honneur de connaître

M. Auguste. Sans cela on me faisait un mauvais parti.

Lorsque M. Auguste fit son entrée triomphale, il nous regarda d'un œil courroucé; mais bientôt, ayant reconnu mon compagnon, il s'avança vers nous d'un air souriant. Tous ces gens qui attendaient un éclat, qui étaient prêts à nous courir sus, changèrent de physionomie comme par enchantement. M. Auguste ne nous avait-il pas salués?

M. Auguste est un homme de trente-cinq à quarante ans; il a une physionomie qui ne prévient nullement en sa faveur. Il a de gros yeux vert de mer à fleur de tête qui sont faux, une bouche fausse, un faux sourire, un faux toupet blond albinos. Nous l'avons dit, ses jambes sont grêles et son ventre est gros. Il est tout de noir habillé, il singe autant qu'il peut la tenue des gens du palais. Mais tout cela est vieux et râpé, car M. Auguste s'habille *au décroche-moi cela*, ce qui veut dire en français : chez le fripier.

Mon compagnon avait jugé à propos, pour délier la langue de cet important personnage, de l'inviter à déjeuner. M. Auguste jouit d'un remarquable coup de fourchette; mais il a un verre superbe; au café, je m'aperçus qu'il devait être un des enfants les plus distingués de Paris, car ce n'est qu'au septième ou huitième petit verre qu'il daigna nous donner quelques renseignements sur son *truc*, le métier qui le fait vivre.

M. Auguste est un ancien clerc de province. Il est venu à Paris sans sou ni maille ; il a été marchand de contremarques à la porte des théâtres du boulevard, où il a connu beaucoup de flâneurs et de petits rentiers, gens désœuvrés qui ne savent jamais comment franchir l'abîme immense qui sépare le déjeuner du dîner, la lecture du journal de l'ouverture des théâtres. Un jour qu'il se promenait dans le palais, il vit beaucoup de ces bons citadins qui stationnaient à la queue du public des tribunaux et qui faisaient mille gentillesses aux gardes municipaux pour les attendrir et tâcher de pénétrer dans le sanctuaire de la justice. M. Auguste, qui est un homme à expédient, vit là une source de fortune. Il avait une idée.

Dès ce moment il passa ses journées à courir dans les corridors du palais, accostant toutes les personnes qu'il voyait sortir des cabinets de messieurs les magistrats instructeurs. Il se proposait pour conduire les témoins à la caisse afin d'y toucher les deux francs que la justice alloue à tous ceux qui viennent la renseigner. Lorsque le témoin avait reçu son argent, et qu'après avoir offert soit un canon de vin, soit une demi-tasse à M. Auguste, il voulait le quitter pour vaquer à ses affaires, celui-ci l'apitoyait en lui contant quelque histoire bien larmoyante, bien pathétique; il savait encore se faire donner quelques sous pour sa peine. D'autres fois, le témoin dédaignait la rétribution; alors M. Auguste changeait sa batterie : il inventait un autre conte, il implorait sa pitié; il lui demandait son assignation en lui disant qu'il était père d'une nombreuse famille. On lui abandonnait facilement ce morceau de papier inutile. C'est en collectionnant toutes ces citations et assignations que M. Auguste a fondé le magasin qui le fait vivre.

Aujourd'hui, M. Auguste vit comme un chanoine; il est devenu une autorité dans le bas peuple du palais; il gagne beaucoup d'argent. Il loue des citations en témoignage aux curieux pour les faire entrer aux cours d'assises et aux chambres correctionnelles, les jours de procès curieux. Les gardes municipaux qui sont de planton aux portes des tribunaux ont pour consigne de ne laisser passer que les personnes assignées. Ils ne lisent jamais les assignations; il suffit donc qu'on se présente hardiment avec un papier timbré pour qu'ils vous laissent passer, car du moment qu'on a le *papier*, la consigne est sauve. M. Auguste avait observé cela ; aussi a-t-il su en profiter. Il sait par cœur la liste des affaires à juger ; il connaît les jours où les premiers sujets du barreau et de la magistrature debout doivent prendre la parole ; et ces jours-là, dès sept heures du matin, il est à son poste avec sa liasse de citations et d'assignations périmées. Il les loue ordinairement 1 fr. pour la séance. On le connaît ; il a ses habitués ; on ne paie qu'après qu'on est placé ; mais on est obligé de laisser en nantissement 5 fr., qu'il ne remet qu'après la restitution de son papier.

— « Et vous gagnez beaucoup d'argent à ce métier-là ? lui demandai-je.

— C'est selon les procès ; celui de Laroncière m'a rapporté jusqu'à cent francs par jour ; j'étais obligé d'envoyer un de mes clercs dans la salle, pour redemander mes assignations. J'ai loué la même citation jusqu'à dix fois en une séance. Soufflard n'a pas mal donné ; la bande de *Poil-de-Vache* était bonne, mais ne valait pas les *habits noirs*.

— Et les affaires politiques ?

— Cela dépend des personnages. Les complots m'ont laissé d'ailleurs d'excellents souvenirs ; les procès de presse furent d'un assez joli rapport.

Les cris séditieux valaient moins. Quant aux crimes, aux infanticides, aux faux, aux vols de confiance, c'est chanceux.

— D'après ce que je vois, en lisant les détails d'un assassinat, vous savez combien il vous rapportera.

— Il y a crime et crime; c'est la position de l'accusé qui fait tout. S'il est jeune et féroce, il devient intéressant; c'est très bon. Si c'est un homme qui a simplement tué sa femme ou un passant dans la rue, ça ne vaut absolument rien. Les maris jaloux et farouches amènent des dames. Mais parlez-moi de ces gaillards qui coupent leur maîtresse en morceaux! qui l'attendent le soir dans une allée, la poignardent et tirent un coup de pistolet à leur rival! à la bonne heure! c'est du nanan! Ils ont un public à eux, on les lorgne, on leur envoie des albums pour y écrire deux mots, ils posent devant un parterre de femmes. S'ils sont tant soit peu jolis garçons et que l'affaire prenne plusieurs audiences, la seconde journée double ma recette. Si le jugement se prononce la nuit, je suis obligé de donner des contremarques. La nuit est très propice aux drames judiciaires, le beau sexe s'y crée des fantômes. C'est si intéressant, un scélérat passionné qui égorge proprement la femme qu'il aime! il y a de quoi en rêver quinze jours. On envie le sort de la victime, on voudrait être aimé ainsi une fois, rien que pour en essayer. Ah! Lacenaire! nous ne trouverons malheureusement pas de sitôt son pareil! Il faisait des vers, monsieur! s'écria M. Auguste, d'un air moitié d'admiration et moitié de regret. Il était galant, intéressant, il s'exprimait bien. Encore deux affaires comme la sienne, et je me retirais dans mes terres. Ah! si le huis-clos n'existait pas pour certains attentats! quelle source de fortune! je serais millionnaire. Tout le monde en veut: c'est le fruit défendu. »

Une espèce de pleutre ballottant dans un immense habit noir boutonné jusqu'au col, et dont les jambes flageolaient, vint interrompre M. Auguste au milieu de ses regrets. C'était son clerc. Cet homme le remplace lorsqu'il y a plusieurs affaires intéressantes le même jour; il lui recrute des clients, il lui procure des affaires, car M. Auguste joint à son industrie celle de défenseur officieux aux justices de paix; il fait en outre des mémoires et des pétitions aux ministres.

Le *Détripé*, il est ainsi surnommé, a plusieurs cordes à son arc. Dès qu'un crime est commis, il se transporte sur les lieux; il recueille tous les bruits, il raconte les détails, il a soin de dire son nom et son adresse dans les cabarets environnants, il répète cent fois ces détails, il en invente au besoin, on les redit, cela arrive jusqu'aux magistrats instructeurs ; on le fait appeler, il raconte ce qu'il a entendu dire ; il fait une déposition insignifiante. On le renvoie, mais il a ses quarante sols, c'est toujours ça de gagné. Du reste, il jurerait, au besoin, sur l'Évangile, devant Dieu et les hommes, après avoir vu un chien de chasse étrangler un lapin, que c'est le lapin qui a commencé, qu'il avait tous les torts, et que ce n'est qu'à son mauvais naturel qu'il doit sa triste fin.

Ce maître Jacques n'ose faire concurrence à son maître, car celui-ci maintenant ne mendie plus les assignations : il les achète et les paie plus cher que le caissier du palais. Il ne souffre pas de rivaux ; il leur fait une guerre acharnée. Il a fait sa petite pelote, comme il dit ; il espère bientôt pouvoir se retirer à la campagne, pour y former souche d'honnêtes gens.

Quand nous quittâmes M. Auguste, il nous regarda d'une façon triomphante, et il dit à ses admirateurs : « — Je les ai *épâtés*, les bourgeois ! »

Il avait raison, en effet : nous étions émerveillés.

—

V.

CORRESPONDANCE. — LES FÊTES ET FOIRES.—LES JEUX. LE 90.—LE LAPIN IMMORTEL. — LE PATISSIER AMBULANT.

Un journaliste ne manque jamais de recevoir beaucoup de lettres, affranchies ou non, signées ou anonymes, de compliments ou d'injures, lorsqu'il a entrepris une série d'articles sur un sujet quelconque. En voici deux entre celles qui nous sont parvenues à propos de nos *Industries inconnues* :

« Monsieur,

» Je lis avec le plus grand plaisir les articles que vous publiez dans le journal le *Siècle*, qui est mon journal. Vous voulez faire une galerie originale de tous les commerces que nous inventons chaque jour, nous, pauvres gens jetés au hasard sur le pavé de Paris. Ce que vous avez dit jusqu'à ce jour est vrai, bien étudié et compris. Presque tous ces industriels me sont connus, et quelques uns sont mes amis.

» J'ai cependant une observation à vous faire. Peut-être vous paraîtra-t-elle juste.

» Lorsque vous avez parlé de mon ami Chapellier, le boulanger en vieux, vous avez dit : « Le père Chapellier a su tirer des croûtes de » pain tout ce qu'on en pouvait tirer. »

» Cela n'est pas exact. Il n'est peut-être pas d'industrie au monde autour de laquelle un homme ne trouve à ramasser sa vie. On peut penser à tout, embrasser d'un coup d'œil toutes les branches qui viennent se rattacher à l'arbre principal, mais on ne les cultivera pas toutes. Le temps, la place, les outils, la patience, manquent. Puis vous ne pouvez vous figurer quelle est la force de cet axiome : « Il faut que tout le monde vive. » Rien ici-bas ne se fait qu'en vertu de ce principe. Le fabricant de bijouterie qui, après avoir brûlé ses cendres et les balayures de son atelier, vend les cendres des cendres au laveur de cendres, sait parfaitement bien qu'il y a encore de l'or dans ce qu'il vend, mais il se dit : « Il faut que tout le monde vive. » Puis il n'a pas l'admirable patience de l'Auvergnat, il n'est pas outillé, il n'a pas d'emplacement convenable pour faire le lavage lui-même ; il perdrait trop de temps à l'entreprendre.

» Il en est de même partout. En littérature, après le romancier, qui trouve le sujet, esquisse les caractères, décrit les lieux, donne la vie aux personnages, les fait marcher, parler, agir, en un mot écrit un livre, vient l'auteur dramatique, qui transporte tout cela au théâtre sous une autre forme. Le premier auteur eût pu faire la pièce lui-même, mais il n'est pas en relation avec les directeurs, et d'ailleurs il n'est pas outillé pour le théâtre, il ne connaît pas les *ficelles* de la scène. Il abandonne donc son œuvre à qui veut la prendre : il faut que tout le monde vive.

» Examinez, cherchez, et vous trouverez toujours une glane dans les champs déjà moissonnés. Quelqu'un qui voudrait bien s'en donner la peine vivrait même des huissiers, qui vivent aux dépens de tout le monde, et ce ne serait ni la moins curieuse ni la moins productive des *industries inconnues*.

» Moi, Monsieur, qui écris ces lignes, j'ai trouvé ma glane dans le champ du père Chapellier, j'en vis depuis une vingtaine d'années, et je n'ai pas à me plaindre de mon sort. Si je ne suis pas un capitaliste comme mon heureux ami, je suis du moins un notable commerçant dans le genre. Si vous voulez me faire l'honneur de venir me voir, je vous montrerai mes fours, je vous expliquerai mes moulins; je crois que vous aussi vous pourrez trouver à glaner quelques bonnes observations dans mon champ.

» Agréez, Monsieur, etc. HÉBARD. »

Nous nous sommes donc rendu derrière ce vieux collége Henri IV, où nous avons passé les dix plus belles années de notre vie, pour visiter l'usine de M. Hébard. Un grand gaillard, qui portait pardieu bien le gilet rouge distinctif des valets de grande maison, vint nous demander ce que nous voulions.

« Je désire voir M. Hébard.

— Il est dans sa bibliothèque; si monsieur veut me dire son nom, j'aurai l'honneur de l'annoncer. »

Tout se fait dans les formes; mais nous sommes habitué aux surprises. Quelques instants après, un homme d'une cinquantaine d'années vint à notre rencontre. Il était vêtu d'une vareuse rouge et d'un pantalon de moleton à pied. C'était M. Hébard.

Si les Parisiens, qui, à l'exemple de Voiture, ont la prétention de deviner la profession d'un passant rien qu'à sa démarche, rencontraient notre industriel se promenant un jour au Luxembourg, nous sommes certain qu'ils pourraient s'attirer la même réponse que celle qu'on fit au poète du dix-septième siècle, lequel, voyant un jour un homme en carrosse qui passait sur le Cours la Reine, l'aborda en disant : « Monsieur, j'ai parié que vous êtes un receveur aux gabelles. — Monsieur, lui répondit le quidam, pariez que vous êtes une bête, et vous gagnerez. »

En effet, jamais homme n'a moins eu le physique de son emploi que M. Hébard : il est petit, un peu replet ; il a les mains blanches, le visage pâle et blanc, comme tous les hommes qui mènent une vie sédentaire, et certainement le physionomiste moderne voudrait voir dans M. Hébard un homme de bureau, un professeur ou un savant, et non pas un homme de travail manuel et d'invention commerciale.

Nous l'avons dit, presque jamais ces hommes qui cherchent si péniblement la fortune n'aiment l'argent pour le bien-être qu'il procure ; ils veulent la fortune, non pas pour la fortune, mais pour satisfaire un caprice, pour avoir quelque chose qui leur a fait envie chez un autre qu'ils ont connu il y a vingt ans. M. Hébard, lui, doit son énergie à un voisin qui possédait une bibliothèque. M. Hébard y passait sa journée et ses soirées à lire Voltaire. Un jour il lui arriva à peu près ce qui arrive dans le conte des *Deux Voisins*.

L'un deux avait des livres et un ménage très mal monté ; l'autre avait au contraire un très beau ménage, mais pas le plus petit livre. Un soir celui-ci cria à travers la cloison : « Voisin, prêtez-donc un livre, je ne puis dormir. — Mes livres ne sortent pas, répondit celui-là ; venez lire chez moi tant que vous voudrez. » Quelques jours après, ce fut le tour du bibliophile de s'écrier : « Voisin, mon feu ne veut s'allumer ; prêtez-moi votre soufflet. — Venez souffler chez moi tant que vous voudrez, répondit l'autre, mon soufflet ne sort pas de chez moi. »

Or, dès qu'il se fut brouillé avec son voisin, M. Hébard se dit : — Moi aussi j'aurai mon Voltaire ! Et il se mit à travailler pour se le procurer. Mais, âgé de quinze ans, il n'était que petit *patronnet* chez un *regrattier*. Les regrattiers sont les pâtissiers qui fabriquent les chaussons aux pommes, les brioches sans beurre et les gâteaux sans sucre qu'on vend aux écoliers et aux gamins de Paris. Il gagnait, pour-boire compris, vingt-cinq sous par semaine. M. Hébard était nourri à la boutique, et ses parents, qui étaient portiers d'un hôtel d'étudiants dans la rue Saint-Jacques, le logeaient. Pour se procurer les quatre-vingts volumes de Voltaire, édition Touquet, à un franc soixante quinze centimes le volume, il fallait donc deux années d'économie. M. Hébard ne se sentit pas ce courage. Il abandonna son métier pour se faire *camelot*, c'est-à-dire marchand de bimbelotteries dans les foires et fêtes publiques. Il y portait de la bijouterie fausse. Pendant trois étés, il fit les départements de la Seine, Seine-et-Marne, Seine-et Oise. Ses affaires prospérèrent au delà de ses espérances. Mais ce qui lui profita beaucoup plus que son commerce, c'est qu'il y apprit tous les stratagèmes que les marchands forains mettent en pratique pour vivre. Il connut leurs besoins, leurs façons d'acheter, de vendre, et il y conçut une idée excellente : aussi manqua-t-elle de l'envoyer passer cinq ans à Sainte-Pélagie. On y enfermait encore les prisonniers pour dettes. Il voulut fonder à Paris une sorte d'entrepôt où tous les *camelots* s'approvisionneraient de marchandises. L'affaire ne réussit pas ; il dut faire faillite, et le Voltaire ne fut pas encore acheté de cette fois.

Pendant les trois années d'ensuite, il accompagna les Hercules, les femmes phénomènes, les disloqués, les avaleurs d'épées, les mangeurs de feu, les dentistes, les escamoteurs, les banquistes, les nains, les géants, les enfants à deux têtes, les veaux à quatre cornes et tous les charmants spectacles qui réjouissent les yeux du peuple le plus spirituel du monde dans les jours de réjouissances. Il s'était acquis une certaine réputation dans le *boniment,* la *postiche* et la *parade.* On nomme ainsi le prologue que les saltimbanques jouent devant leur baraque pour allécher le public en *l'amusant aux bagatelles de la porte*, et qui finit invariablement ainsi : « Entrez, messieurs, mesdames, entrez ; vous y verrez ce que vous n'avez jamais vu ; et cela ne coûte que 2 sous. 2 sous! il faudrait ne pas avoir 2 sous dans sa poche, etc. »

M. Hébard, qui était Parisien, qui savait son boulevard du Temple par cœur, imitait les comiques à la mode, faisait des grimaces, parlait fort et captivait l'attention des *combrousiers :* c'est ainsi que les forains nomment les paysans. Aussi Gringalet était-il fort recherché par les Bilboquets du temps.

C'est tout un monde à part, nous disait-il, que la population des forains ; il serait très curieux de les étudier. Figurez-vous qu'il y a là des familles entières qui n'ont jamais habité dans des maisons; les enfants naissent, vivent, grandissent et meurent dans ces longues et larges voitures qu'on rencontre souvent sur les routes, et dans lesquelles ils couchent, font leur cuisine et transportent tout leur mobilier. Ils se marient entre eux, et les nouveaux conjoints ne font que passer d'une voiture dans une autre. Un enfant n'a pas deux ans, qu'on lui a déjà assoupli les reins, pour lui apprendre la dislocation et les *sauts de carpe*. Il fait ses exercices d'agilité, il danse la danse des œufs, à l'âge où les autres enfants font à peine leurs dents. Ce petit être, à dix ans, connaît à fond toutes les roueries qu'on n'apprend dans le monde que par une longue pratique de la vie, et la fréquentation assidue des *sociétés* les moins *mêlées*. Lorsque les autres balbutient papa, maman, et jouent à la poupée, lui, il *entortille déjà le pétrousquin en faisant la manche* (il sait attraper le public en faisant la quête). C'est pitié de voir ces vieux enfants qui raisonnent de tout et avalent le *canon* comme des hommes. Les gens du monde croient qu'Eugène Sue a exagéré les caractères de Bamboche et de Basquine. Non, le profond moraliste n'a fait qu'atténuer, au contraire, ce que ces mœurs nomades ont d'horrible. Il faut avoir un corps de fer, un cœur d'acier, une âme de bronze, pour vivre de cette vie-là.

Vient ensuite le *truqueur*. On appelle ainsi tous ces gens qui passent leur vie à courir de foire en foire, de village en village, n'ayant pour toute industrie qu'un petit jeu de hasard. Cela s'appelle *passe-carreau*, le *chandelier*, etc. Le jeu du *chandelier* consiste à abattre un chandelier de feutre sur lequel on a mis 1 sol. Le joueur, armé d'une longue baguette, doit d'un seul coup faire tomber ces deux objets hors de l'assiette qui les supporte. On joue ordinairement un lapin, de l'argent ou des macarons. Cet exercice paraît fort simple au premier abord, et le truqueur l'exécute avec une telle facilité que tout le monde veut essayer. On s'entête à gagner, les paris s'engagent entre le marchand et le joueur, et bientôt celui-ci quitte la place le gousset à sec.

Il est tel industriel de ce genre qui part au printemps, emportant un lapin dont, à la fin de la campagne, il fait une excellente gibelotte. Pendant les six mois de beau temps, il gagne de quoi passer grassement son hiver. Voici la mise de fonds : un chandelier en feutre, deux sous ; une assiette, trois sous ; un lapin, trente sous. Quant à la baguette, il la cueille au premier aulne qu'il rencontre sur son chemin. Ajoutons-y le sou à mettre sur le chandelier : total, trente-six sols. C'est avec ce capital qu'il vit, qu'il nourrit sa femme, qu'il élève plusieurs enfants, et qu'il finira par acheter quelque beau domaine. Il y a peu de financiers, même à la bourse de Paris, qui sachent mieux *faire suer* leur argent.

Dans certains pays, les fêtes sont organisées par des particuliers. Ces pays-là sont la terre promise des banquiers du *biribi*, du *passe-carreau* et du *chandelier*. On charge ordinairement de la surveillance de la foire le garde champêtre du lieu ou un des gardes du plus riche propriétaire. Alors les *truqueurs* font ce qu'ils nomment une *bouline*, c'est-à-dire une collecte entre eux, et ils chargent un compère de distraire le surveillant, de l'emmener à l'écart, de l'inviter et de le griser. Alors, malheur aux pauvres *pétrousquins* (particuliers) qui s'aventurent à jouer! ils sont rançonnés sans merci. Une sentinelle veille pendant ce temps avec mission de signaler l'approche fortuite de la maréchaussée : la gendarmerie a tant de préjugés!

Si vous vous êtes promené dans une fête de village, vous avez dû jouer au *quatre-vingt-dix*. Ce jeu est une espèce de loto, et l'un des spectateurs se charge de remplir l'office du destin : il plonge la main dans un sac et en retire le numéro qui doit faire un heureux. On y gagne ordinairement de la porcelaine. Vous y voyez des déjeuners, des vases superbes, de belles pendules, etc. Le quatre-vingt-dix a droit à une pièce au choix du gagnant, mais ce gagnant est presque toujours un ami sûr, un *compère*, qui emporte son gain, fait le tour de la tente et remet l'objet gagné à son premier et seul propriétaire, le banquiste. Quelquefois celui-ci offre à son compère, devant tout le monde, de le reprendre pour cent cinquante ou deux cents francs. Le compère n'a garde de refuser, et on lui compte la somme. Le public, alléché par un tel gain, passe sa soirée à tirer des numéros, et s'en retourne chez lui, emportant des coquetiers, deux ou trois verres communs et des tasses dépareillées. Le tour est fait, le *combrousier* a été *mis dedans*.

Il existe dans les foires des environs de Paris une boutique de porcelaines véritablement luxueuse ; on y voit de tout, des vases d'église et des glaces dignes de figurer dans le boudoir d'une petite-maîtresse ; les mille caprices de la mode y chatoient, coffrets ornés de médaillons ciselés et verres de Bohême. La boutique est tenue par une *dame* agréable et sa *demoiselle*, qui est charmante. Lorsqu'elles arrivent dans un village, en demandant au maire la permission d'étaler, elles commencent par faire un don de cent à deux cents francs aux pauvres de la paroisse. Cela fait du bruit dans le pays; la *dame* et sa *demoiselle* assistent à la grand'messe et n'ouvrent leur boutique qu'après l'office divin. Cela fait très bien. La haute société du lieu s'empresse d'accourir au magasin de ces dames : les femmes pour voir une personne si pieuse, les jeunes gens pour contempler les beaux yeux de la demoiselle. La partie s'engage; c'est à qui restituera en détail la somme si généreusement donnée aux pauvres. Et voilà comment il se fait que la *dame* possède aujourd'hui deux maisons sur le pavé de Paris et que la *demoiselle* a dû l'an dernier épouser un notaire. Parlez-nous de la philanthropie! c'est le meilleur placement qu'on ait encore trouvé. Demandez à messieurs tels et tels, qui se sont fait de si bonnes rentes en visitant les pauvres prisonniers.

Donc M. Hébard traversait tout ce monde-là, mais en philosophe observateur. Il était un peu poète, et faisait des couplets; un peu orateur, et composait des parades; un peu acteur, et jouait ses œuvres; et cela en continuant de rêver à son Voltaire. Enfin, un jour, jour à jamais mémorable, la troupe d'acrobates à laquelle appartenait M. Hébard donnait ses représentations à Montargis. Un régiment qui passait fit sa grande halte sur la place de la ville. Il menait à sa suite tout son attirail de guerre, et notamment un petit four ambulant. M. Hébard, qui se connaissait en fours, voulut voir celui-ci. Il l'examina et s'en fit expliquer tout le mécanisme. Il eut affaire à un homme qui, par amour-propre, lui donna tous les renseignements possibles. C'était le boulanger du corps. Ce soldat boulanger était un noble, de très haute naissance, dont la famille avait été ruinée et dispersée par les événements. Ne sachant que faire, sans état, sans ressources, il s'était fait soldat pour vivre, croyant gagner l'épaulette en six mois; mais son éducation était trop négligée, et on le relégua à la manutention des vivres. Là il devint boulanger, et excellent boulanger. En 18... il était donc attaché comme maître-boulanger à un régiment de ligne. Nous le reverrons bientôt. Mais revenons.

M. Hébard vit tout de suite une belle fortune dans ce simple four de campagne. En remontant sur son estrade pour faire sa dernière parade, il feuilletait déjà dans son imagination les premières pages de son Voltaire, édition Touquet. En effet, en revenant à Paris, le premier soin de notre voltairien fut de courir chez les fabricants de tôle et de se faire construire un appareil semblable à celui qu'il avait admiré la veille à Montargis.

Le dimanche suivant il s'établissait dans une des avenues des Champs-Elysées. C'était le temps de la vogue de *M. Coupe-Toujours*, le marchand de galette du boulevard Saint-Martin. M. Hébard, d'après ce principe que tout état laisse une glane pour quelqu'un, se mit à glaner sur *M. Coupe-Toujours*. Il se fit *fabricant de galette ambulant;* il courut les fêtes et les foires, traînant toujours derrière lui son *établissement*. Il eut un moment de grande vogue; mais, voyant qu'il était menacé d'une nombreuse concurrence, au lieu de s'y opposer, il se mit à faire fabriquer des fours pareils au sien, et les vendit à qui en voulut; puis, avec son juste instinct, sentant que l'affaire ne pouvait durer, il laissa cette industrie devenue vulgaire pour se faire fabricant de pain d'épice commun.

Au premier coup d'œil, faire du pain d'épice ne paraît pas être une grande innovation. Les Champenois de Reims sont réputés pour fabriquer le meilleur; mais le faire à si bon marché que personne ne puisse rivaliser avec vous, voilà la malice. Il fallait trouver quelque prodige de la chimie qui remplaçât la farine de seigle, comme les gargotiers de la barrière savent remplacer, dit-on, le bœuf par du cheval et le lapin par du chat.

Or un homme vendait des croûtes de pain à un prix qui ne permettait pas de supposer que jamais ce qu'il vendait fût sorti de la boutique d'un boulanger. C'est là qu'il fallait frapper. Le *prodige de la chimie* était de faire redevenir cet ex-pain farine. C'est à ce problème que s'arrêta M. Hébard. Il fit des essais de toute sorte; enfin, en soumettant ce pain à la chaleur d'un *bain marie* dans un four construit exprès, il réussit à le sécher assez pour qu'en passant sous la meule d'un moulin de son invention, il fût ramené à sa forme première, c'est-à-dire à l'état de farine.

Ce procédé trouvé, M. Hébard était maître de la place de Paris; il pouvait fournir du pain d'épice commun aux marchands ambulants, à ceux qui pour deux sous donnent aux enfants plus d'un demi-kilo de cette *friandise*. Comme il vendait sa marchandise à cinquante pour cent de rabais sur tous les autres fabricants, il eut bientôt la pratique de tous les *truqueurs* qui tiennent ces petits jeux de tourniquet où l'on gagne à tout coup. Ses anciens confrères devinrent ses clients.

Décidément, M. Hébard avait conquis son Voltaire.

Mais, hélas! il en est des livres comme de l'appétit, qui vient en mangeant : plus on en a, plus on désire en avoir, et l'on finit par passer à l'état de bibliomane. Et c'est alors le vrai moment où on cesse de lire.

C'est ce qui arrive aujourd'hui à M. Hébard ; il a une magnifique bibliothèque, des livres précieux, dix éditions de Voltaire dans tous les formats ; mais il ne les ouvre jamais. Il passe des journées à les ranger sur des rayons de chêne, et ses soirées dans les salles de vente pour en augmenter incessamment le nombre.

— Si vous ne lisez plus, lui demandai-je, pourquoi achetez-vous tant de livres ?

— Hélas ! monsieur, la nature humaine est ainsi faite. Ce sont les gens qui digèrent le moins bien qui se font servir les meilleurs dîners, comme ce sont les plus vieux sultans qui possèdent les plus nombreux harems. J'ai de la fortune ; personne ne pouvait glaner sur mon industrie. La nature m'a donné la manie des livres en compensation. Les librairies sont ma caisse d'amortissement. Il faut bien que tout le monde vive !

VI.

LE PÈRE PUTATIF. — LES VIEUX RUBANS. — L'ATELIER DES ÉCLOPÉES. — LE BERGER EN CHAMBRE. — UN DERNIER MOT SUR LES ANGES GARDIENS.

Il y avait chez M. Hébard un homme robuste, quoique grisonnant, à l'œil ouvert, à la parole brève. Il était boutonné dans une longue redingotte bleue ; il portait la moustache en brosse et l'impériale longue de trois pouces. Pour celui-ci, il n'y avait pas moyen de s'y tromper : tout le monde, en le voyant, même sans habit militaire, eût deviné qu'il avait été soldat.

Il se nomme le comte de... : c'est l'ancien soldat, maître-boulanger d'un régiment de ligne, auquel M. Hébard doit sa fortune. En sortant du service, il s'est souvenu de sa connaissance de Montargis, et il est venu à Paris ; sa première visite, avant d'arrêter un logement, fut pour son ami de hasard, qu'il croyait trouver tirant le diable par la queue. Jugez de son bonheur, lorsqu'au lieu de ce qu'il pensait, il trouva le bien-être et l'aisance. M. Hébard, qui possède entre autres vertus la reconnaissance poussée à sa quatrième puissance, reçut son homme, comme on dit, à bras ouverts. Le soldat-boulanger avait 300 fr. de pension pour ses services : c'était suffisant pour le tabac. Mais il lui fallait un emploi pour vivre. Le fabricant de pain d'épice lui offrit un logement et la table pendant le temps qu'il mettrait à chercher une place. L'ami accepta, comme de juste ; il accepta même avec empressement, promettant de se mettre en course dès le lendemain. Les places sont rares, fort rares, il paraît, à Paris, car il y a quinze ou dix-huit ans de cela, et l'ami n'a pas encore trouvé à employer ses talents, et il demeure toujours dans la même chambre ; il y est toujours en camp volant, car il doit toujours se mettre en quête d'un emploi demain.

M. le comte*** gagna bientôt de l'argent, il eut une industrie très lucrative : il se fit *père putatif !* il *reconnaît* les enfants qui n'ont pas de père officiel.

Étant en garnison à Givet, un jeune officier du régiment de M. le comte*** séduisit une jeune fille. Il appartenait à une famille noble et riche ; sa fortune dépendait d'un oncle qui n'aurait jamais souffert une mésalliance. L'amant heureux savait que la moindre infraction aux préjugés aristocratiques de son oncle serait une exhérédation. Pendant ce temps, la jeune fille se désolait; elle voulait un nom pour son enfant. L'officier lui disait bien qu'Eugène, Alfred, Arthur, étaient des noms charmants, et qu'en y joignant Didier, Bertrand ou Martin, on pouvait faire un homme complet, ayant deux patrons intercédant pour lui dans le ciel, et toutes les apparences d'une famille comme beaucoup de bourgeois de la plus fine bourgeoisie. Mais la belle ne voulait rien entendre; elle voulait un nom sérieux, avec une particule nobiliaire pour le moins.

Que faire en telle occurrence? Un jour qu'il était de semaine, on fit l'appel devant lui. Tout à coup il entendit le nom superbement historique du soldat-boulanger. Il se fit présenter le soldat porteur d'un si beau nom ; il le combla de bienfaits en lui payant une goutte à la cantine. Il s'inquiéta de sa famille, lui fit des offres de services ; enfin, après bien des détours, il finit par lui proposer de le substituer en ses lieu et place et de lui faire présenter le marmot à venir chez M. le maire.

Notre homme fit des objections ; mais le jeune officier sut mettre fin à ses scrupules en lui glissant trois louis dans la main, lui promettant une égale somme pour le jour de la présentation. M. le comte n'avait jamais soupçonné qu'il pût y avoir des objections contre de pareils arguments ; il ferma la main et ne dit plus mot.

Le soir, l'officier se présentait devant sa larmoyante victime et lui disait que son fils serait en possession d'un titre de comte, qu'il serait reconnu et porterait un des plus vieux noms de France. Cette nouvelle fit merveille : car, malgré toutes nos révolutions, les femmes tiennent encore énormément à la noblesse. Le prestige de l'aristocratie nobiliaire s'est complétement conservé dans les arrière-boutiques.

Quelques mois après, les cloches de Givet sonnaient à toutes volées : on baptisait le jeune vicomte Olivier de ***. Il va sans dire que l'officier était parrain.

L'histoire fit du bruit ; toutes les filles de Givet qui devenaient mères voulaient avoir aussi leur petit vicomte ; de sorte qu'on ne voyait que notre soldat aux mairies de la petite ville et des environs. M. le comte de *** ne pouvait suffire aux demandes ; il était toujours en fête, il menait une vie de carnaval. Il ne sortait d'un repas de naissance que pour assister à un banquet de baptême.

Il reconnaissait même au rabais : car il s'était fait cette réflexion bien simple : « Lorsque je serai vieux, je me retirerai tout bonnement chez le plus riche de mes enfants, et il ne sera pas assez barbare pour chasser son vieux père. C'est donc un morceau de pain, un morceau de brioche, que je ménage pour ma vieillesse. »

Dans toutes les villes où le régiment tint garnison, le comte de*** continua son métier. On avait fini par en faire une plaisanterie dans le régiment. On l'appelait même lorsque les mères ne réclamaient point de nom de famille. Le métier était bon, notre homme ne refusait jamais. Enfin il prit son congé en laissant nos départements, du nord au midi, peuplés de deux ou trois cents jeunes vicomtes ou vicomtesses ; il arriva dans la grande ville, ayant la ceinture bien garnie, et rencontrant la Providence au fond du faubourg Saint-Marceau, sous les traits du brave M. Hébard.

A cette époque, des fils de famille qui ne se sentaient de goût pour aucun état, ni pour la diplomatie, ni pour la magistrature, ni pour l'administration, ni pour la politique, avaient adopté la carrière des armes pour faire dire à leur famille : « Mon fils fait quelque chose : il est militaire, en garnison dans tel endroit.» Ce qui peut se traduire ainsi : « Il fume des cigares et il fait des parties de piquet au café de telle sous-préfecture. » A la mort de ces parents fâcheux qui croient qu'un jeune homme doit s'occuper, nos officiers n'avaient rien de plus pressé que d'envoyer leur démission au ministre de la guerre et de revenir à Paris. Ils contèrent à leurs amis les Parisiens l'histoire du comte et de sa très nombreuse progéniture. On en rit beaucoup ; puis on n'y pensa plus.

Mais à peu près à cette même époque, un jeune baron allemand, homme d'ailleurs fort spirituel, menant grand train et tout à fait à la mode, fit la folie de reconnaître un fils qu'une femme des plus légères lui attribuait. Il voulait, disait-il, faire élever cet enfant avec tous les soins possibles, pour savoir ce que pouvait devenir un plant de lorette transplanté en d'autres climats.

Cette reconnaissance mit tout le camp des lorettes en révolution. C'était un cri général, c'était à qui d'entre ces dames aurait son petit baron. On n'entendait plus qu'un cri de la rue Laffite à la barrière Blanche : « Je veux un nom pour mon enfant ! Ce cri devenait monotone, car ces demoiselles le poussaient même pour des effets rétroactifs. Déjà la foule des fils de famille, qui n'étaient pas ravis du tout de cette sempiternelle même note, commençait à éviter la société des camélias avec un soin tout particulier, et ils s'ennuyaient, lorsqu'un des officiers du régiment découvrit l'adresse du soldat-boulanger. L'honneur était sauf, le nom était trouvé, ces dames pouvaient être tranquillisées. On leur annonça cette grande nouvelle avec pompe. Elles cessèrent leurs cris, et la joie reparut, comme par enchantement, dans tout le quartier; les soupers retrouvèrent leurs chansons, les gosiers leur soif; l'ordre fut rétabli. Quant à M. le comte, il vit renaître ses beaux jours de fête, recommencer son perpétuel carnaval. On était obligé de le retenir d'avance, car il reconnaissait aussi l'arriéré.

Chaque jour, donc, les chances du repos de sa vieillesse augmentaient, car sa progéniture se propageait dans toutes les classes, et cette originale spéculation augmentait chaque jour de deux ou trois noms l'annuaire nobiliaire du royaume de France.

Mais hélas! l'homme propose et Dieu dispose. M. le comte de *** avait compté sans son hôte. Un jour, jamais personne ne s'y serait attendu, un homme, tout de noir habillé, absolument comme le page de Mme Marlborough, mais plus vieux et plus cravaté, arriva chez M. Hébard.

C'était un notaire royal.

Il demandait M. le comte de***; il voulait lui

parler en particulier pour des affaires d'intérêt. M. le comte venait d'hériter d'un parent de province, d'un noble inconnu, qui lui laissait 120,000 livres. C'était la manne du ciel tombant aux Hébreux dans le désert. Pendant huit jours, M. de *** ne sortit pas des cabarets ; il déserta les mairies ; il dédaigna les mères éplorées, les pères embarrassés, les enfants abandonnés ; il ne voulait plus rien, il ne demandait plus rien ; il rêva pour lui-même les joies ineffables de la paternité : une femme, un ménage, des enfants portant son beau nom, de droit, pour de bon.

Malheureusement, pendant quinze jours, le nom du comte avait été affiché à la quatrième page de tous les journaux ; on y lisait une annonce conçue à peu près en ces termes :

« Me X..., notaire à Paris, rue de.., prie M. le comte de *** de passer à son étude, pour affaire d'héritage. »

Ces deux lignes en mignonne n'avaient point été lues par celui à qui elles s'adressaient ; mais elles avaient frappé d'autres personnes, des indifférents. Ces gens en avaient parlé ; le bruit s'en répandit ; l'héritage fit comme la boule de neige poussée par des enfants, qui grossit en avançant. Au bout de huit jours, il montait à plusieurs millions. Alors, tout à coup, M. de*** vit assiéger sa porte par une nuée de jeunes garçons et de jeunes filles, qui certes n'avaient jamais pensé à lui avant l'allèchante annonce, et qui tous venaient lui témoigner leurs sentiments filiaux. Ils arrivaient par cargaisons de tous les coins de la France, les uns le bâton de voyage à la main, en blouse, en sabots; les autres pommadés, vernis, cirés, astiqués, comme des gravures de mode. Il n'y avait entre eux qu'une similitude, c'était la fin de leur conversation : ils demandaient tous quelques billets de mille francs pour s'établir.

M. le comte se trouvait fort embarrassé ; quelques uns de ses bons fils avaient été clercs d'avoués, de notaires ou d'huissiers en province ; ceux-là étaient les plus insupportables ; ils avaient étudié la loi, ils connaissaient le Code, ils menaçaient de faire valoir leurs droits à la pension alimentaire. Le pauvre soldat-boulanger était ahuri, abruti, il ne savait que répondre. Ce qui lui avait paru une bonne plaisanterie lui apparaissait sous son vrai jour, c'est-à-dire la chose la plus grave qui se puisse imaginer. Il avait voulu jouer avec la loi, qui ne rit jamais; elle l'étreignait dans ses serres et lui meurtrissait sa vie.

Enfin, voilà comment, à bout de ressources, ayant de la paternité par-dessus la tête, il alla consulter un homme de loi, qui lui conseilla de faire à M. Hébard une donation entre vifs qui seule pouvait lui rendre le repos. Le conseil était bon, il le suivit.

Et voilà pourquoi il se dit chaque jour : « Demain j'irai chercher un emploi », et comment, depuis dix-huit-ans, il demeure avec son vieil ami.

« Monsieur,

» Tout se vend à Paris, excepté les rognures » de soie et les vieux rubans, car on n'a pas en» core su en tirer parti. »

» Telle est la phrase que je trouve imprimée dans le journal le *Siècle*, au milieu d'un article signé de votre nom.

» On ne peut pas tout savoir. Rien que dans cette phrase, il y a trois grosses erreurs. Permettez-moi de vous les noter :

» 1° Si par rognures vous entendez les morceaux de coupons de soie, ou *gardannes*, vous ne vous êtes pas inquiété d'une branche fort lucrative de l'industrie parisienne.

» Ces rognures sont défilées, peignées, mises en bottes et revendues à des fabricants qui en font de très magnifiques étoffes. Cela se vend encore pour rassortiment aux femmes qui ont besoin de raccommoder des robes neuves auxquelles il est arrivé des accidents.

» 2° Si au contraire vous entendez par rognures les morceaux qui restent aux couturières et tailleuses de robes, après qu'elles ont fait leur office, vous vous trompez encore. Ces morceaux, qui sont grands comme les deux mains, se vendent en balles dans les provinces ; ils servent aux ménagères de petites villes à faire de ces couvre-pieds multicolores qui font la joie des femmes de la campagne et charment les ennuis des longs jours de la vie des champs. Vous n'êtes pas sans en avoir rencontré dans vos voyages : c'est fort laid, cela attire l'œil, chatoie, éblouit et finit toujours par agacer les nerfs. Mais on aime cela en province, on le trouve de bon goût. Et des goûts et des couleurs, vous le savez, on ne peut discuter.

» 3° Enfin, si vous entendez par rognures ces petits morceaux, ces bandes, ces liserés que l'on détache d'une robe lorsqu'elle est trop large ou trop longue, ou lorsqu'on ne peut pas assembler deux lés, cela se vend, cela se livre; cela rentre dans ma partie.

» Je vais donc avoir l'honneur de vous expliquer mon industrie, qui en vaut bien une autre. C'est moi qui ai eu l'honneur d'inventer les édredons de soie, et je vis de mon métier depuis plus de quarante ans.

» Je n'ai jamais eu, comme beaucoup de vos industriels, le bonheur d'avoir ma matière première pour rien. On me l'a toujours vendue, et je l'ai toujours payée comptant. Et cependant, avant moi, on jetait à la borne tous ces rogatons. Mais les femmes sont plus curieuses, plus intéressées que ne le sont les hommes. Dès qu'elles voient qu'une d'entre elles s'occupe spécialement d'une chose, elles veulent savoir pourquoi ; et, si elles aperçoivent le moindre commerce, elles préfèrent brûler ce qui peut leur servir que de le donner pour rien. C'est là un trait caractéristique de notre sexe. Enfin tant il est que j'ai su faire quelque chose de ce qui ne servait à rien. Aujourd'hui j'occupe une douzaine d'ouvrières, toutes bossues, perclues, contrefaites. Je préfère celles-là : elles sont moins distraites, elles ne sont tourmentées ni par l'envie d'aller au bal ni par l'heure des rendez-vous. Je suis certaine au moins qu'à huit heures du soir il ne se trouvera pas tout un bataillon de godelureaux en faction devant ma porte. Mes employées sont toutes sages, rangées, exactes : elles sont assez laides pour cela.

» Leur travail est d'ailleurs facile, monotone,

mais peu fatigant. Un enfant de quatre ans le pourrait faire aussi bien que la meilleure ouvrière. Il ne consiste qu'à faire de la charpie avec des rubans, à défiler des rognures de soie. Tous ces fils, réunis, enfermés dans une enveloppe de soie, font des édredons doux, légers et chauds. Ils se vendent surtout au Temple, où quelquefois les marchandes les mêlent avec de l'édredon véritable pour les acheteurs inexpérimentés.

» J'ai l'honneur, etc.

» Veuve BARON. »

« P. S. Si vous avez un moment à perdre, venez visiter ma maison ; je me ferai un véritable plaisir de vous montrer mes produits. »

Je n'eus garde de manquer une si bonne occasion. J'allai voir Mme veuve Baron. C'est une aimable vieille de soixante ans qui a pris son parti ; elle rit de son âge et plaisante fort agréablement de ses lunettes à branches d'argent. Elle n'a qu'un regret, c'est d'avoir été veuve trop tard, alors qu'il n'y avait plus moyen de profiter des bénéfices de son veuvage.

Son mari était marchand d'habits ; il avait un bon établissement à la rotonde du Temple, mais, comme le Sganarelle du *Médecin malgré lui*, il mangeait une partie de ce qu'il gagnait et buvait toutes les autres. Il lui laissait trois enfants sur les bras, sans avoir même l'attention de lui dire de les poser à terre. Mais le côté par lequel il ressemblait le plus au personnage de Molière était le côté de la brutalité. Chaque fois qu'il rentrait avec son *jeune homme* (un peu gris), il n'écoutait rien, il ne voulait rien entendre; si sa femme le querellait, il la battait; si elle ne disait mot, cela le taquinait, il s'écriait : « Je suis un gueux, un scélérat, un infâme coquin ! J'ai encore écrasé un grain aujourd'hui. Tu le vois bien. (Elle se taisait.) Mais parleras-tu ? Ah ! elle a juré de me faire mourir ! » Et, prenant son bâton, il la battait jusqu'à ce que tout le quartier, attiré par les cris de la malheureuse, vînt la lui arracher des mains. Si les enfants criaient, s'ils avaient faim et froid, cet aimable époux prenait *sa bête à deux fins* (c'est ainsi qu'il nommait sa canne, parcequ'elle lui servait à faire taire et à faire crier sa femme), et il lui administrait une correction. De façon que, n'importe comment, qu'elle fût gaie ou triste, bien portante ou malade, Mme Baron savait en se réveillant le matin ce qui l'attendait le soir, car son mari n'aimait pas à changer ses habitudes : il s'enivrait tous les jours, et par conséquent il battait sa femme tous les soirs.

Enfin cet homme charmant fut appelé à rendre ses comptes au tribunal suprême. Un soir qu'il avait rencontré des amis, il fêta tant, tant, tant et si bien cette heureuse rencontre, qu'il ne reconnut plus sa maison; il entra dans la première allée qui se présenta, il prit l'escalier de la cave pour celui des étages supérieurs, il dégringola trente marches sur la tête. Le dieu qui, dit-on, protége les ivrognes, se trouvait sans doute occupé ailleurs en ce moment-là, il ne put venir au secours d'un de ses plus fervents adorateurs : il en fut que, lorsqu'on arriva au bruit, on ne trouva plus que feu Baron. L'âme, qui devait avoir un petit peu des défauts du corps, folâtrait sans doute parmi les tonneaux.

Mme Baron était veuve avec trois petites filles; l'aînée avait dix ans à peine. Aussitôt les créanciers, les huissiers, envahirent son domicile; ils arrivaient tous munis de grimoires incroyables. La pauvre veuve n'y comprit rien, comme de juste; mais toujours est-il que, six semaines après la mort de l'aimable Baron, elle se trouvait sans un sou, ruinée, dépouillée, n'ayant que les yeux pour pleurer et les bras pour vivre; encore ces bras étaient-ils occupés à porter son dernier né, enfant encore à la mamelle. Elle avait vingt-huit ans, mais elle avait tant souffert qu'on lui en eût donné quarante à première vue.

Cependant il fallait vivre et faire vivre ces malheureuses petites créatures qui s'accrochaient à sa jupe de deuil. Une femme du monde qu'un malheur aussi complet aurait atteinte eût sans doute réuni ses dernières hardes, fait un paquet du tout pour emprunter le plus possible au mont-de-piété, puis, après avoir vécu quelques jours en se rassasiant de sa douleur, elle eût embrassé ses enfants, fait sa prière et allumé le réchaud. Mais Mme Baron n'était pas de ces femmes-là, elle avait été mieux trempée ; elle sortait de cette vigoureuse race du peuple qui ne connaît pas le désespoir, qui renfonce ses larmes de peur de fatiguer ses yeux pour le travail. Elle était d'un caractère actif, vaillant, entreprenant, ne sachant pas ce que pouvait être un labeur trop dur. Elle prit le sac, la médaille de son mari, et se mit à courir les rues en criant : « Vieux chapeaux, chiffons à vendre! » — Pendant ses longues et pénibles courses, sa fille aînée soignait ses deux sœurs. Elle fit ce dur métier deux ans durant. Comme toutes les grandes découvertes, elle ne dut la sienne qu'au hasard.

Un jour elle avait laissé quelques rubans aux

enfants pour jouer à la poupée pendant son absence. Les petites s'étaient amusées à défiler tous ces chiffons, à en faire un tas. En revenant au domicile, Mme Baron vit ces dégâts; elle les prit; en voyant la légèreté de la soie, une idée lui jaillit soudain, et les faux édredons furent trouvés. Elle continua son commerce de vieux chapeaux, en recommandant à sa fille aînée d'exercer ses petites sœurs à défiler des rubans et de conserver précieusement les soies. Ce travail amusait beaucoup les enfants. Ils faisaient merveille et gagnaient leur vie en faisant joujou. Lorsqu'elle put en réunir assez pour faire un édredon, elle le porta au Temple. La chose y fut très goûtée. Elle s'entendit alors avec toutes les marchandes à la toilette de cette nécropole de la mode, et elle organisa son atelier.

L'atelier de Mme Baron a véritablement toutes les apparences d'un établissement orthopédique ; elle n'avait rien exagéré dans sa lettre. C'est vraiment pitié de voir toutes ces pauvres estropiées tournant des mécaniques à peigner, dévidant, filant. Ce spectacle nous rappelait la compagnie des borgnes, boiteux, bancroches, levée par sir John Falstaff avec l'argent du roi Henri. Mais cet intérieur respire la paix, le calme et l'aisance.

Mme Baron, bonne grosse mère, trône majestueusement sur son fauteil de cuir, au milieu de son infirmerie ; elle encourage les unes, aide les autres, donne des conseils, taille, coupe, rogne, chante et parle tout à la fois. Elle explique les machines faites par son beau-fils le mécanicien avec une lucidité parfaite.

« Donnez de la publicité à mon affaire, Monsieur, nous disait-elle, donnez-lui en beaucoup ; cela peut rendre service à quelque pauvre femme, la sauver du désespoir et l'aider à élever ses enfants.

— Mais vous allez vous créer des concurrentes.

— Tant mieux ! quand il y en a pour un, il y en a pour deux ; plus il y aura de gens qui vivront, plus le bon Dieu sera content, puisqu'il nous envoie ici pour faire le plus de bien que nous pouvons. »

Un grand penseur, un poète, a dit : « Les meilleurs cœurs sont ceux qui ont le plus souffert. »

Mme Baron nous prouve que ce grand poète est un grand observateur. Elle se console de ses douleurs passées en obligeant tout le monde, en attirant autour d'elle toutes les pauvres ouvrières déshéritées que leur laideur fait repousser des autres ateliers, où l'on veut plaire à la pratique. Elle souffre leurs caprices, leur mauvaise humeur, l'aigreur de leur caractère, sans cesse irrité par les quolibets de la foule ignorante et cruelle, et elle a encore de douces paroles pour les consoler, les encourager, les aider à la patience. Si ce n'est pas là de la grande et vraie charité, ma foi, nous ne nous y connaissons plus.

Avez-vous rencontré dans vos promenades aux boulevards extérieurs, — si toutefois vous vous promenez aux boulevards extérieurs, —un homme grand, robuste, coiffé d'un chapeau de feutre à larges bords, vêtu d'une blouse recouverte d'une limousine? Il mène devant lui quatre ou cinq chèvres paître dans les terrains vagues des environs de Paris. Cet homme se nomme Jacques Simon; il est originaire de Bourganeuf. Il habite un cinquième étage dans une des plus noires maisons de la rue d'Écosse, derrière le collége de France; il y exerce la profession de *berger en chambre.*

Lorsque Jacques Simon vint à Paris, il avait seize ans. Il servait les maçons; mais sa santé chancelante ne lui permit point de *travailler de son état;* il devint quelque chose comme garçon de bureau chez une espèce de financier qui faisait de la littérature et des prophéties. Il était chargé d'attendre, de recevoir les clients, et de les faire patienter. Que peut faire un garçon de bureau en son bureau, à moins qu'il ne lise? M. Simon lut, il lut beaucoup; mais il lisait Florian, Ducray-Duminil, et tous les naïfs romanciers de la fin du dernier siècle. Il ne rêva plus que petits moutons plus blancs que la neige et bergers céladons. Il se promenait avec une houlette enrubannée de couleurs roses, et, dans ses jours de carnaval, il s'habillait en personnage de Watteau. Il croyait que tout ce qu'il lisait *était arrivé*. Il se maria avec ses illusions. Sur ces entrefaites, il fit à peu près comme tout le monde, il prit la première femme qu'il crut aimer. Sa femme était féconde, trop féconde, car, à sa première couche, deux enfants virent le jour.

Simon avait des économies. Il lisait La Calprenède. Mais les choses allèrent de mieux en mieux. Mme Simon eut l'année suivante une autre couche heureuse; elle mit au monde trois beaux garçons. Les journaux annoncèrent que la mère et les enfants se portaient bien; l'assistance publique s'en inquiéta, elle envoya deux chèvres à la pauvre mère pour l'aider à nourrir son intéressante famille. Huit jours après, la pauvre femme était morte; et les pauvres petits, malgré tous les soins des voisins, suivirent leur mère quelques jours après. Croyez donc les journaux, après cela! Le coup fut terrible au cœur du pauvre Jacques Simon : il conserva la chambre de sa femme telle que celle-ci l'avait laissée; il loua un grenier pour ses chèvres, et dès ce jour il se crut Némorin.

L'étable au cinquième étage de Jacques Simon est une des choses les plus incroyables de Paris; elle est emménagée comme une ferme du Limousin. Le pauvre homme y passe ses nuits couché, près de ses chèvres, sur leur litière; il vit avec elles et pour ainsi dire pour elles. Son troupeau augmente chaque saison; il ne vend ses chevreaux qu'en pleurant le sort qui leur est réservé. Mais, pour nourrir ses deux premiers enfants, il doit travailler. Les dames du quartier, qui connaissent cette grande infortune, la protégent : elles lui achètent son lait, et elles aident ainsi ce pauvre fou. Sa folie est si douce, si paisible, si triste, si résignée, qu'on ne le quitte jamais sans se sentir les paupières humides.

Jacques Simon est une des originalités parisiennes, et c'en est une des plus intéressantes, car c'est certainement la plus infortunée.

Depuis que nous avons parlé des *Anges gardiens,* ces messieurs se sont piqués d'honneur; ils ont fait faire un grand progrès à leur profession. Nous sommes heureux de savoir que c'est à notre publicité que ce progrès est dû. Ils ont établi de petites voitures à bras, espèce de civières à roues, où les ivrognes sont couchés tout à fait à leur aise. Il peuvent ainsi regagner leur domicile sans accidents et sans encombre.

Nous profitons de cette occasion pour remercier MM. Chérot, Couëlsse, Roche, Leprévost, anges gardiens de la barrière du Montparnasse, de la lettre toute gracieuse qu'ils nous ont écrite pour nous féliciter d'avoir rendu justice à leur profession si éminemment philanthropique.

VIII.

FABRIQUE DE CAFÉ A DEUX SOUS LA TASSE. — MANUFACTURE DE PIPES CULOTTÉES.—LE DEVINEUR DE RÉBUS. — L'ÉLEVEUSE DE FOURMIS. — L'EXTERMINATEUR DE CHATS. — LE FABRICANT DE CRÊTES DE COQ. — LE PÊCHEUR DE BUISSONS.—LA LOUEUSE DE SANGSUES. — — LES SOURIS BLANCHES ET LES RATS BLANCS.

Voulez-vous faire fortune? Oui, n'est-ce pas? Eh bien! ayez une spécialité, soyez *spécialiste.*

M. Demerville est spécialiste. En 1846, il sortait de l'armée, où il avait été sous-officier instructeur de cavalerie. Il rentrait dans Paris comme Gil Blas, léger d'argent et plein d'espérance, regardant de quel côté venait le vent, voulant travailler, mais ne sachant que faire. Tandis qu'il s'orientait, ses économies s'épuisaient et les araignées allaient tisser leur fil au fond de sa cassette, lorsque l'idée lui vint de s'établir *cafetier.* Il n'avait plus que cinq cents francs.

Il loua dans la rue des Anglais, près de la place Maubert, une boutique de 200 fr. par an, qu'il meubla de quelques planches recouvertes de zinc, en forme de comptoir, d'un petit poêle de fonte, d'un brûloir, d'un moulin, d'une vingtaine de tasses, d'autant de cuillers, et le matériel fut complet. Là, en tacticien habile, il livra, moyennant deux sous la tasse, un café excellent. Les amateurs firent queue à la porte de son établissement. Aujourd'hui M. Demerville est propriétaire ; il demeure chez lui, rue Ménilmontant ; il a des succursales dans tous les quartiers de Paris, il en établit à toutes les barrières, mais tout se fabrique à la rue Ménilmontant, d'où chaque jour il part 3,000 litres de café qui sont distribués dans toutes les annexes. C'est une chose très curieuse à voir que cet office central. Les chaudières, les filtres et les récipients tiennent tout un corps de bâtiment. On cacherait facilement trois grenadiers dans une seule de ces cafetières. Les ustensiles qui servent à transporter le café de la fabrique aux succursales sont grands comme des tonneaux de cognac. La cheminée de l'établissement joute avec les obélisques de briques des fabriques d'alentour. C'est une activité, un va-et-vient effrayant. Quant au débit, figurez-vous une boutique de douze mètres de long, partagée en deux par une immense table; d'un côté sont les servants, de l'autre les consommateurs. Les tasses sont rangées en bataille sur le marbre de la table ; dans chacune est placé un morceau de sucre blanc, pesant 15 grammes. La pratique n'a qu'à commander pour être servie à l'instant même. Le dimanche, lorsque le temps est beau, il se vend quelque chose comme 5 à 6,000 tasses. Les Auvergnats, entre autres, sont d'excellentes pratiques : ils y vont ordinairement par troupes, et ils n'en sortent qu'après que chacun a payé sa tournée, de façon que chacun absorbe jusqu'à 10 et 15 demi-tasses. Il faut des estomacs d'Auvergne pour résister à de pareilles libations.

M. Demerville est un homme essentiellement probe. Il fonde des établissements propres et convenables, en confie la gérance à ses ouvriers et leur donne une part énorme dans le bénéfice, puisqu'il ne leur compte le litre de café que dix-huit centimes, mais il garde l'établissement à son nom, pour, en cas de sophistication, pouvoir en disposer à son gré.

Nous ne quitterons par les bords du canal sans signaler la *manufacture de pipes culottées*. Ce sont deux commerçants, presque des érudits, qui, par une invention très ingénieuse, pourraient fournir en quelques heures des pipes culottées à toute l'armée d'Orient. Encore des *spécialistes*.

Le culottage des pipes en grand vient de donner le coup de mort à toute une classe de petits industriels, les culotteurs de pipes en détail. En vous promenant le long des quais, vous rencontriez une légion de bohémiens se prélassant gravement au soleil en aspirant la fumée de leur pipe. Vous vous demandiez alors comment tous ces lazzarones de Paris, sales, déguenillés, pouvaient passer leur temps à fumer, sans rien faire. C'est que leur occupation consistait précisément à fumer. Ils recevaient d'un entrepreneur, en échange d'une pipe bien culottée, noircie sans suif, sans matière étrangère et sans procédé, vingt centimes de tabac, une pipe neuve et vingt centimes en monnaie. Ils pouvaient exécuter ainsi deux de ces chefs-d'œuvre par jour. Produit net, 40 centimes, qu'ils employaient ainsi :

Un arlequin (viande mêlée de légumes et autres ingrédients) . . . . . 10 c.
Un canon de quelque chose de violet, ayant nom vin 10
Pain ou pommes de terre en chemise, une livre 10
Coucher dans un garni au dortoir, sur l'*édredon de trois pieds* (c'est ainsi qu'on nomme la paille) . . . . . 10 c.

On ne peut pas réduire la vie matérielle à de

plus minimes proportions. Eh bien! aujourd'hui, c'est un métier mort : l'industrie l'a tué. On fumera dans des pipes culottées par un procédé chimique, lequel consiste à les tremper dans une décoction de tabac après les avoir légèrement fait chauffer.

Les pipes de ce genre sont aussi *parfumées* que les anciennes, et l'emportent en élégance, en régularité, en propreté surtout. Cette étrange manufacture occupe dix ouvriers gagnant cinq francs et vingt ouvrières payées à raison de trois francs. Elle expédie chaque jour cinq à six caisses de mille pipes en province, et Paris en garde autant pour lui seul.

Mais voici venir un *spécialiste* bien autrement curieux. Nous voulons parler de celui qui gagne sa vie à deviner les rébus, les charades et les logogriphes que certains journaux proposent à l'intellect de leurs abonnés. Dans les quartiers de Paris habités par les petits rentiers, il y a des cafés, des estaminets et des pensions bourgeoises où, quand ces problèmes ont paru dans la feuille du matin, il règne une agitation extraordinaire. Chacun croit avoir deviné.

On pérore, on crie, on parie, on s'échauffe, on dispute même, et l'on finit par en appeler aux lumières du maître de l'établissement. Qu'on juge de son embarras s'il ne peut trancher la difficulté par une explication positive. Heureusement notre industriel, qui connaît son Paris, qui a remarqué ce goût effréné du petit rentier pour le rébus, a imaginé d'en vivre. Il s'est donc constitué l'Œdipe universel. Les jours de rébus, il fait sa tournée de grand matin, il visite tous les endroits de ce genre, donne secrètement, par écrit, au maître de la maison, l'explication qui doit mettre tous les habitués d'accord, et reçoit cinq sous pour prix de cette pacifique mission. Sa clientèle, qui prit naissance au Marais, a gagné peu à peu les quartiers circonvoisins. Maintenant il est obligé d'employer un homme pour distribuer ses explications. Il se fait ainsi une cinquantaine de francs par rébus. Or il y en a trois par semaine, ce qui lui procure une somme de six cents francs par mois.

Le talent divinatoire de ce spécialiste eût été fort utile, il y a quelques années, aux voisins d'une maison de la rue Bichat. Tous ces voisins étaient littéralement dévorés, ils ne cessaient de se gratter, ils en perdaient l'épiderme et le derme : la lèpre semblait s'être abattue dans le quartier. Une enquête eût lieu, et l'on découvrit enfin que ladite maison était occupée entièrement par Mlle Rose, *éleveuse de fourmis.*

Mlle Rose est une femme de quarante-deux ans; elle a l'aspect terrible; sa figure et ses mains sont tannées comme si elles avaient été préparées par un habile ouvrier en peau de chagrin; elle porte des brassards, elle est vêtue de buffle, comme les archers de la ballade, et, malgré cette armure, elle est rongée elle-même par ses élèves, les ingrats! Mais elle est arrivée à un tel état d'insensibilité, son cuir est tellement durci, racorni, qu'elle a son lit au milieu de ses sacs de marchandise, et que leur morsure n'a plus aucun effet sur elle. Aussi, lorsque la police visita son établissement, elle parut très étonnée et dit :

« Comment peut-on se plaindre de ces petites bêtes! Voyez, je vis au milieu d'elles, et je ne m'en sens pas plus mal. Il faut que l'on m'en veuille. Le monde est si méchant! »

Elle fut néanmoins obligée de transporter son étrange pensionnat dans une maison parfaitement isolée, située hors barrière.

Mlle Rose entretient des correspondants dans les départements où il y a de grandes forêts; elle donne à chacun de ses employés 2 francs par jour. Elle en a jusqu'en Alsace, et ne reçoit jamais moins, par jour, de dix sacs, grands comme des sacs à farine.

Nous avons causé avec Mlle Rose. Elle est fière de son industrie.

« Je suis, dit-elle, la seule personne qui l'exerce convenablement, car je suis la seule qui ait étudié les mœurs et les habitudes des fourmis. Je sais les faire pondre à volonté, leur faire produire dix fois plus qu'elles ne produisent dans l'état de nature. Pour cela, je les place dans une chambre où j'entretiens continuellement un poêle de fonte chauffé à rouge, et je les laisse faire leur nid où elles veulent. Il ne faut pas les contrarier. Elles demandent beaucoup de soins. Plus vous les comblez de procédés, plus elles vous rapportent.

— Mais que diable faites-vous de tous les œufs que vous récoltez avec tant de soin ?

— Je les vends aux pharmaciens ; j'en fournis le jardin des Plantes et en général la plupart des faisanderies des environs de Paris. Les jeunes faisans sont très friands de cette nourriture.

— Et que gagnez-vous à cela ?

— Dame ! monsieur, à présent encore, je ne donnerais pas mes journées pour trente francs, bénéfice net. Mais ce commerce est bien tombé ! Du temps des *nobles*, quand feu ma mère, à qui j'ai succédé, l'exerçait, c'était un bien meilleur métier. Mais que voulez-vous gagner avec les bourgeois d'à présent? Est-ce que ça sait faire la différence entre le faisan et le coq de basse-cour? Ah! ne me parlez pas des révolutions! »

Le père Matagatos est tout le contraire de Mlle Rose : c'est un véritable docteur Pangloss, pour lequel tout est pour le mieux dans le meilleur des mondes possibles. Il est gai, bon vivant, insoucieux et rieur. C'est un Pyrénéen, venu à Paris par curiosité, et qui a pris la grande ville en amour. Mais à Paris, comme partout, il faut travailler pour vivre. Le père Matagatos, qui aime la vie libre, les longues flâneries et les clairs de lune, s'est fait chiffonnier, mais uniquement pour se donner une *position sociale* et pour avoir le droit de porter une hotte : il dédaigne le chiffon. Sa véritable industrie consiste à exterminer les chats, comme le dit son surnom, qui est composé de deux mots catalans. Vous l'avez certainement rencontré, pour peu qu'il vous soit arrivé de flâner la nuit dans les rues de Paris. C'est un homme grand, fort, à la barbe noire et touffue, aux cheveux coupés à la malcontent, qui chantonne toujours et porte fièrement son crochet. Il est constamment suivi de deux petits terriers anglais de la plus belle espèce. Ce sont ses approvisionneurs. Ils ont été instruits à happer tous les chats noctambules qui se trouvent sur leur passage. Jamais Ralph ne rapporte sa proie vivante. Sobrono est plus généreux : il n'ensanglante pas sa victoire; il rapporte à son maître l'animal vaincu, et c'est Ralph qui l'achève sans pitié.

« Le chat a cela de particulier, dit le père Matagos, que tout en est bon. La peau se vend aux fourreurs, qui en font de la martre zibeline, fourrure très à la mode en ce temps de manchonomanie, où depuis la grande dame jusqu'à la grisette, tout le monde veut avoir un manchon. Il n'a de concurrent sérieux sur l'article fourrure que le lapin blanc, qui depuis quelques années a été baptisé du nom d'hermine. Quant à la chair, j'en ai le placement; je connais les bons endroits. Mais il faut des précautions : les vaudevillistes ont rendu le peuple des barrières excessivement méfiant à l'endroit de la gibelotte. Il en est arrivé à ce point de scepticisme, qu'il lui faut toujours voir les têtes pour en prendre sa portion de six sous.

— Cette exigence doit porter une grave atteinte à votre marchandise, car rien ne ressemble moins à une tête de lapin qu'une tête de chat.

— C'était là un inconvénient, je n'en disconviens pas, mais on a su y remédier. Ah ! il vous faut des têtes pour manger des lapins qui vous sont livrés cuits et gibelottés aux prix de 2 francs 50 c., et que, moi, je vends 20 sous? Eh bien! mes enfants, vous en aurez, des têtes, et plus que vous n'en voudrez. J'ai donc entrepris le commerce des peaux de lapin à domicile, je me suis entendu avec toutes les cuisinières du rayon dans lequel j'exerce ostensiblement mon métier de chiffonnier, je leur prends toutes leurs peaux, à une seule condition, c'est qu'elle me livreront la tête avec la dépouille. Vous comprenez l'usage que j'en fais. Chaque livraison de chat est accompagnée d'une tête de lapin. De là la parfaite confiance que les pratiques de certains gargotiers composant ma clientèle accordent aux gibelottes dont on les régale. Que de gens mangent ainsi de ma chasse sans s'en douter! Ce n'est pas ma faute : j'étais né chasseur. Dans mon pays je poursuivais l'ours et l'isard. A Paris il n'y a pas de tout ça. Je chasse à ma manière. Ici Ralph, ici Sobrono, mes bons amis! vous faites vivre votre maître, vous lui rapportez une quinzaine de francs chaque matin. Mais tenez, puisque vous vous intéressez à ces choses-là, je vais vous présenter un de mes amis; venez jusqu'à la cité Saint-Maur, vous verrez son établissement.»

L'ami de l'exterminateur de la race féline, le

père Lecoq, est un spécialiste qui n'a pas craint de se faire le rival de la nature. Il fabrique tout bonnement des *crêtes de coq!* Encore est-ce par modestie qu'il se dit rival de la nature; c'est tout simplement pour ne pas humilier cette bonne mère, car elle est loin de travailler aussi proprement que lui. Ses œuvres, à elle, sont pleines d'incorrections, tandis que le père Lecoq fait de l'art, « et l'art, dit-il, c'est la nature perfectionnée par le génie de l'homme. La nature fait du marbre, l'homme fait la statue ; la nature produit une femme, l'homme produit la Vénus de Milo, l'idéal, ce qui n'existera jamais. Visitez toutes les basses-cours de l'Anjou et du Maine; regardez tous les coqs, examinez leurs crêtes : pas une ne ressemble aux autres ; elles sont toutes plus ou moins entachées de défauts impardonnables, qui feraient rire au nez de l'artiste qui les copierait. Voyez les miennes, au contraire : si les coqs pouvaient les admirer, ils mourraient tous de chagrins de n'en avoir pas d'aussi belles. Voyez comme c'est dentelé, taillé coupé, proportionné, parfait! »

Le père Lecoq (il a adopté ce sobriquet) habite une maison qui semble faite à souhait pour son industrie. Après l'avoir visitée, on ne sait lequel est le plus original, de l'homme ou du domicile. C'est une de ces grandes villes en abrégé qu'on rencontre dans les quartiers industrieux, et qu'on nomme *cours*. Il y en a une quinzaine de semblables dans le faubourg du Temple. Ces *cours* renferment toute une population. On dirait d'une ruche humaine. Celle qu'a choisie le père Lecoq est une des plus curieuses. Le propriétaire, qui est un grand fabricant, y a établi une machine à vapeur pour son usine ; mais, voulant y attirer de petits fabricants, il a fait traverser tous ses rez-de-chaussées, c'est-à-dire une longueur de cent et quelques mètres, par l'arbre de sa machine, de sorte qu'il loue à chacun de ces locataires, avec le logement, une courroie à laquelle ils peuvent adapter une machine. M. Lecoq a donc une courroie à sa disposition. Il nous en a détaillé tout le mécanisme.

« J'avais trente ans, nous dit-il ; je revenais de mes voyages dans les Cordillières, j'avais visité et parcouru le Japon, j'avais mangé à peu près tout ce que les hommes peuvent manger. Lorsque j'arrivai en France, je fus humilié de la pauvreté de la cuisine de mon pays auprès de celle des contrées que nous traitons orgueilleusement de barbares. En effet, sauf nos rares gibiers et les huit ou dix espèces d'animaux domestiques, nous voilà réduits à nos fades poissons de rivière, à notre piètre marée, aux œufs et aux légumes, comme des nonnettes. Qu'est-ce que nos tables les plus somptueuses auprès d'un repas chinois, japonais ou indien, où vous voyez figurer toute l'échelle zoologique, depuis les pattes d'éléphants jusqu'aux œufs d'oiseaux-mouches, depuis les grillades de baleine jusqu'à la friture de goujon et les beignets des pisquettes? Pouvons-nous seulement comparer notre art culinaire à celui des Romains, où il fallait dix mille poulets pour faire un vol-au-vent convenable dans un dîner de cinquante patriciens? On ne se servait que des crêtes; on engraissait les esclaves avec le reste, en attendant qu'on les envoyât à leur tour engraisser les muraines. Apicius, Lucullus, à la bonne heure! voilà des hommes qui savaient manger! il fallait à leur appétit fatigué des ragoûts de cervelles de paon, et d'énormes pâtés de haricots de coq.

» Je résolus donc de rendre à mes concitoyens toutes ces choses dont la description nous paraît aujourd'hui fantastique. Je me mis à penser. Une demi-heure après, je pouvais, moi aussi, m'écrier comme Archimède : *Euréka* (j'ai trouvé).

» Je fis faire ma machine, je dessinai mes emporte-pièce, et deux jours après j'étais établi où vous me voyez. Il y a trente-neuf ans de cela. Ma fortune est faite; je n'ai plus rien à désirer. Je pourrais, comme les autres, vivre grassement de mes revenus, me faire servir des repas comme j'en ai tant fait faire aux autres dans ma vie. Mais non, j'ai consacré mon existence au bonheur de mes concitoyens, je poursuivrai jusqu'au bout. »

Ainsi parla M. Lecoq. Or, voici comment il entend le bonheur de ses concitoyens. Il a calculé que chaque matin il n'entre dans Paris que vingt-cinq à trente mille poulets. Dix mille au moins de ces tristes victimes sont servies sur les tables bourgeoises, et les quinze autres mille deviennent la proie des restaurateurs, pâtissiers, rôtisseurs, etc. Ces poulets n'offrent guère que douze mille crêtes qui puissent servir aux ragoûts. Tous ceux qui sont servis dans les repas de famille possèdent cet ornement naturel, et cependant, commandez n'importe où une coquille de crêtes de coq et un vol-au-vent, on vous les fournira. Comment cela se fait-il! Même en supposant que tous les poulets arrivant à Paris soient à l'instant même *décrêtés*, cela ne suffirait pas encore à la consommation. Il en est de même de ce qu'on nomme en termes culinaires le haricot de coq.

C'est là le secret du père Lecoq, c'est là que

commence son rôle de bienfaiteur de l'humanité.

Il a inventé la crête et le haricot de coq artificiels.

Il prend un palais de bœuf, de mouton ou de veau, mais il préfère le bœuf. Après l'avoir blanchi à l'eau bouillante, il le fait macérer pendant quarante-huit heures, puis il détache la chair de la voûte palatine, de façon à ne rien endommager. Cette chair est ensuite portée sous un balancier, et, au moyen d'un emporte-pièce, il fait ses crêtes de coq, plus parfaites en effet que celles de la nature. Les connaisseurs se trompent eux-mêmes aux produits de M. Lecoq ; et cependant il est un moyen de les reconnaître : la crête de coq pour de bon, celle de la maladroite nature, a des papilles sur les deux faces, tandis que celle de l'art n'en présente que d'un côté.

Cela se vend 15 centimes la douzaine aux pâtissiers, restaurateurs, revendeurs, etc., et 20 c. aux cuisinières bourgeoises.

Pour ce qui est du haricot de coq, ce mets se fabrique de la même façon, à l'emporte-pièce. C'est le riz de veau et la cervelle de mouton qui servent de matière première.

M. Lecoq est étonné qu'on ne lui ait pas encore élevé une statue, mais il se résigne au sort des inventeurs de génie, qui ne sont véritablement appréciés qu'après leur mort.

M. Deshaies est un spécialiste non moins remarquable que les précédents. Né à Paris, qu'il n'a jamais quitté, il est *charmeur* de serpents, comme un Birman, un Malais ou un nègre de Mozambique. Quand on lui demande comment il a acquis ce talent, il répond modestement : « Dans les livres. »

Le père Deshaies a chez lui une collection complète de tous les reptiles des forêts de France ; il forme commerce d'amitié avec eux, il les nourrit, les soigne, les choie, les dorlotte ; il leur a fabriqué de petits nids bien chauds, bien commodes, afin de leur procurer toutes leurs aises. C'est là son industrie. Il vend des *anguilles de buissons*, comme on dit en langage populaire, à certains gargotiers qui en font d'excellentes matelottes.

« Une fois écorchée, dit-il, l'anguille des buissons vaut les meilleures anguilles de rivière. »

Le père Deshaies passe donc toute la belle saison à courrir les bois comme un trapeur. Il a d'ailleurs les mœurs et l'allure d'un personnage de Cooper. Il rit silencieusement, il ne parle jamais qu'à voix basse, comme s'il avait peur de faire fuir sa proie. Sa marche est légère, ses bras surtout semblent toujours écarter les branches avec précaution; son œil est fin, perçant et lumineux. Tous ses sens sont excessivement développés : il rendrait des points à Bas-de-Cuir lui-même pour l'ouïe et l'odorat; son instinct est prodigieux : il devine le voisinage d'une couleuvre. Il n'est pas jusqu'à son costume qui ne semble copié sur les œuvres du romancier américain. Il porte de hautes guêtres de cuir, une culotte de velours couleur vert bouteille, une espèce de sarreau en peau de bique, et sa petite tête de fouine est recouverte d'un chapeau à larges bords. Il a toujours à sa ceinture une serpe, qui est sa seule arme.

« Votre métier doit être bien fatigant? lui disions-nous.

— Pas plus que la chasse, Monsieur, qui est un plaisir pour beaucoup de gens. Quant à moi, je trouve de l'agrément à exercer ma profession; j'étais né pour cela ; c'est une âme d'Ogibéwas, égarée à Paris, qui s'est logée dans mon corps. J'aime les bois, la solitude; je passe ma nuit aussi commodément couché au pied d'un chêne, sur le gazon, que dans le meilleur lit du monde.

— Et gagnez-vous beaucoup à cela?

— Il y a dans Paris cinq cents marchands d'anguilles de rivière, qui vivent tous bien ou à peu près. Je leur fais concurrence avec mes anguilles de buissons. Je n'ai point à me plaindre de la Providence : le serpent n'est jamais ce qui manque ici-bas.

— C'est peu rassurant pour les gourmets.

— Eh! Monsieur, si vous ne voulez pas être trompé, il faut vous résigner à vivre de côtelettes de mouton. Deux de vos savants, MM. Payen et Chevalier, ont publié de gros volumes sur la sophistication des matières alimentaires, et ils n'ont pas dit la moitié de ce qui existe.

Dans un de nos précédents articles, nous avons parlé du fabricant de pain d'épice, qui, bien avant les savants, avait inventè la glucose ou sucre de pain, dont il se sert pour fabriquer sa marchandise, sans que la betterave ou la canne aient rien à y voir. Aujourd'hui, nous avons visitè madame Badeuil, qui, elle aussi, a devancé la science d'une vingtaine d'années. Tandis que l'assistance publique établit des bassins pour faire dégorger les sangsues, tandis qu'on publie de tous côtés des mémoires plus ou moins illisibles sur ce sujet, madame Badeuil, une simple garde-malade, en a fait une industrie des plus productives.

Elle est loueuse de sangsues.

Madame Badeuil a le cœur sensible ; elle aime les bêtes et les gens, elle est la providence des chiens abandonnés et des personnes malades. Elle ne peut pas voir souffrir un être animé. C'est pour cela qu'elle a fait quelque chose pour les sangsues, ces pauvres petites bêtes qui font tant de bien à l'homme et qui en sont si mal récompensées !

« Monsieur, me dit-elle, si les sangsues font du bien aux riches, elles ne peuvent pas faire du mal au petit monde, à moins que les riches ne s'en posent par luxe, pour s'amuser. Je me suis donc dit qu'il fallait que tout le monde pût jouir de sangsues. Aussi, au lieu de jeter à la borne celles que j'avais posées à mes malades, je les gardais en cachette, je les soignais, je les faisais dégorger. J'en possède beaucoup maintenant, et je les loue; elles ne font de mal à personne, et voilà.

— Oui. Mais comment les faites-vous dégorger pour qu'elles ne soient pas insalubres ?

— C'est mon secret. Mais je vais vous le dire tout de même. Je prends une bonne poignée de sel de cuisine, et je la leur jette sur le dos ; je les laisse se débarbouiller un instant dedans ; elles se dégonflent ; alors je les mets dans une cuvette qui est percée d'un petit trou au fond, et que je recouvre d'un tamis; je place tout ça sous une fontaine, et je laisse couler pendant une heure, jusqu'à ce qu'elles ne jettent plus de sang ; mais voilà le vrai moment : je prends de la cendre de bois tiède, je les roule dedans entre deux linges, jusqu'à ce qu'elles ne tachent plus du tout, et je recommence le bain à l'eau courante ; c'est fini, je suis certaine qu'elles sont à jeun quand, une heure après, je les remets dans leur bocal.

— Et vous vous en servez dès le lendemain ?

— Oh ! que nenni ! il faut leur faire suivre un traitement. Trois jours après, je prends un pain de terre glaise, je le pétris bien, j'en fais une boule creuse, et j'y enferme ces petites bêtes. J'y pratique une quantité de petits trous, et j'enveloppe le tout d'un linge mouillé pour que la terre ne durcisse pas. Mes sangsues voient le jour, elles veulent y courir, elles font des efforts, elles s'allongent pour passer par les minces ouvertures, et elles finissent ainsi par se dégorger complètement elles-mêmes. Quand je les retrouve sur mon linge, elles sont saines et vides comme si elles venaient de naître. On peut les appliquer à n'importe qui sans danger. Mais moi, comme je ne veux pas les fatiguer, je les mets dans un bocal particulier ; j'inscris la date dessus, et chacune ne sert qu'à son tour. Il n'y a pas de passe-droit ici. Vous voyez : j'en ai plus de deux mille. Il y en a qui sont ici depuis plus de dix ans ; elles sont aussi bonnes que le premier jour. Mes sangsues de rencontre en valent de toutes neuves.

— Combien faites-vous payer la location ?

— Presque rien : je ne demande que trente sous pour quinze sangsues et la pose. Vous pensez bien que je ne les confie à personne, ces pauvres petites bêtes. Mes sangsues ne vont pas en ville sans leur maîtresse.»

Il paraît que l'expérience a donné raison aux savants qui soutiennent que le dégorgement des sangsues est praticable. Le conseil des hôpitaux a fait abattre les magnifiques mûriers du jardin des Miramionnes pour y faire construire des bassins. Nous avons lu cinq ou six rapports faits sur ce sujet ; nous ne savons quel est le système qui est adopté. En tout cas, nous recommandons celui de madame Badeuil, qui nous semble bon et mérite quelque considération, si toutefois un succès de vingt-neuf années peut avoir quelque valeur aux yeux des savants.

M. Patry est un bon vieillard qui vit tranquille,

cultivant, rue Mouffetard, un petit coin de jardin, au fond de trois ou quatre cours. Là vous verrez six grandes tonnes doublées de zinc et huit ou dix boîtes grillées. Les unes servent de logement aux rats blancs, les autres aux souris blanches. Ces petites familles sont bien élevées, bien dressées. Le père Patry vous vend les individus apprivoisés, instruits, ou bien à l'état de nature, si vous voulez vous donner le plaisir de faire leur éducation. Il ne s'en sépare qu'avec douleur ; il vous recommande d'en avoir bien soin ; il vous donne des instructions sur la manière de les soigner, de leur former le caractère, de développer leur intelligence, et il ne les livre qu'à bon escient. Il prendrait presque des renseignements sur votre moralité et vos moyens d'existence avant que de lâcher un de ses élèves.

C'est que le père Patry est un homme d'ordre ; il fut électeur bien avant l'abolition du cens. Il descend d'une famille d'éleveurs ; ses ancêtres ont eu l'honneur de fournir des souris blanches à S. M. Marie-Antoinette et à Mesdames, tantes du roi. Encore une victime des révolutions ! Aujourd'hui, hélas ! les marchands de savon à détacher et les savoyards qui chantent la *Catarina* composent la majeure partie de sa clientèle.

La race des destructeurs est fort nombreuse à Paris. Voyez les murailles, ce ne sont qu'affiches menaçantes : Destruction des punaises. — Mort aux rats. — Plus de fourmis. — Plus d'insectes. — Breuvages contre les mouches, etc. Mais la race zoophile est pour le moins aussi nombreuse ; les éleveurs pullulent. Nous avons l'éleveur de pigeons ; — l'éducateur de hannetons ; — l'instructeur de serins, de hibous, de chouettes ; — le professeur de langue pour les perroquets, lès pies, les sansonnets ; — le professeur de musique à l'usage de la gent ailée, pinsons, chardonnerets, rossignols ; — l'amateur de fauvettes, de bengalis, etc., etc. Tous ces gens-là vivent plus ou moins mal de leur état, mais enfin ils vivent, ils se logent, mangent, sans avoir recours à l'assistance publique.

VIII.

LE PROFESSEUR D'OISEAUX. — LA BOUILLIE POUR LES CHATS. — LA FAMILLE MEURT-DE-SOIF. — LA MÈRE MOSKOW. — LES RIBOUIS ET LES DIX-HUIT. — LA ZESTEUSE. — UN DERNIER MOT SUR LE BERGER EN CHAMBRE. — LE FABRICANT D'OS DE JAMBONNEAUX. — LE MARCHAND DE FUMÉE. — ALLUMETTES CHIMIQUES DEUXIÈME QUALITÉ. — LE CANARDIER. — LE FABRICANT DE CODES. — UN POÈTE LYRIQUE VIVANT DE SON ÉTAT.

M. Beaufils est un vieillard presque infirme, qui ne parle que rarement, mais qui siffle presque sans cesse. Son établissement est une immense volière ; on n'y voit de tous côtés que rossignols, canaris et sansonnets. Les cages se pressent contre les murailles ; il y en a sur tous les meubles ; d'autres sont appendues au plafond, et les fenêtres en sont encombrées; il y en a partout ; C'est un ramage étourdissant, assourdissant.

Au milieu de la pièce est un dais sous lequel se place M. le professeur Beaufils pour procéder à sa leçon musicale. Il prend une petite serinette sur ses genoux, et, avec un sérieux impertubable, il régale ses élèves du *Carillon de Dunkerque*, de *Portrait charmant*, de *Il pleut, il pleut, bergère*, etc., etc.

Un serin ordinaire coûte 30 sols. Le serin hollandais vaut jusqu'à 3 fr. ; mais, lorsqu'il a passé par les mains de M. Beaufils, qui a perfectionné son éducation, son prix s'élève au quadruple, pour les amateurs.

M. Beaufils prend des pensionnaires et fait des éducations particulières en ville. A cet effet, il loue des serins parfaitement stylés que la pratique enferme avec l'élève qu'il s'agit d'éduquer. Les classes d'un serin intelligent durent six semaines ou deux mois. Après ce temps, il chante convenablement deux ou trois airs ; il est passé ténor ou soprano dans son espèce. Pour faire ainsi des Roger ou des Alboni et des Frezzolini, M. Beaufils traite à forfait, moyennant 5 fr. pour une éducation complète, ou bien 10 sous par semaine pour la location du professeur

La pension de M. Beaufils est située dans une des rues qui avoisinent le Temple ; il a choisi ce quartier parceque les dames du marché et toutes les ouvrières qui travaillent pour elles sont folles d'oiseaux, depuis qu'Eugène Sue, avec sa Rigolette, a mis les serins à la mode.

Du reste, on ne saurait croire combien, les chevaux exceptés, les animaux sont choyés par la population ouvrière de Paris. Il y a des gens qui s'imposent des privations pour mieux nourrir un chien, un chat, un perroquet, une pie, etc. De là certaines industries spéciales. Nous savons une famille nombreuse dont tous les membres sont ramasseurs et reconducteurs d'animaux. Chaque jour des affiches promettent vingt-cinq, cinquante et même cent francs de récompense pour des King-Charles, des perruches et des épagneuls perdus. Combien d'hommes et de femmes se perdraient pour lesquels on ne promettrait pas cent sous !

La nourriture seule des chats dans les quartiers populeux est une branche de petit commerce. Elle fait vivre, entre autres, Bernier et sa jeune famille. Bernier est ce qu'on nomme un homme intéressant ; il fait de la *bouillie pour les chats* dans la véritable acception du mot. C'est un enfant de l'Auvergne. Il était charbonnier ; un accident l'a obligé de quitter cette position sociale pour celle que nous venons de dire.

Il est établi dans un bon quartier de travailleurs ; chaque maison ayant ses chiens et ses chats, il se mit à fabriquer de la bouillie pour les uns, de la pâtée pour les autres, en y joignant un petit commerce de mou de veau. Sa réputation s'établit bientôt dans l'arrondissement sur des bases solides ; la vogue était venue frapper à sa porte. Maintenant, dans les environs du Temple, un chat ou un chien favori passerait pour être mal traité si son dîner ne venait de chez Bernier, le Véfour du genre. Bernier fait même des envois dans les quartiers les plus éloignés, et plus d'un angora de comtesse et d'un bichon de marquise envoient chaque matin leurs valets faire emplette de pâture à sa modeste boutique. Elle a pour enseigne : *A l'ancienne et véritable renommée de la nourriture des animaux.* Car, il faut le dire, bien des gens ont essayé de faire concurrence à ce Brillat-Savarin de la gent quadrupède. Son enseigne est une protestation contre le plagiat.

Puisque nous sommes dans le quartier du Temple, disons quelques mots de la dernière incarnation de l'habit noir, du gilet de soie et de la botte vernie. C'est là que, de chute en chute, ils arrivent où vont toutes choses, au pays de l'inconnu.

Lorsqu'un habit a descendu tous les degrés de la toilette, que du tailleur il a passé au client, puis à son valet ou à son portier, puis au marchand de vieux habits, puis à quelque fashionable de barrière, il arrive au Temple, cette nécropole du costume parisien. Là on le retourne, on le rapièce, on le refait ; mais il lui reste une phase à parcourir avant d'être vendu aux fabriques des environs de Paris qui font l'engrais de laine. Cette dernière phase, c'est aux frères Meurt-de-Soif qu'il la doit.

Ce nom de Meurt-de-Soif n'est pas, comme on pourrait le croire, un nom inventé par la plaisanterie parisienne. La famille Meurt-de-Soif existe réellement; elle a son domicile dans le sixième arrondissement; sa spécialité est l'achat des vieux habits au lot, presque au poids, le rapiéçage et la revente aux barrières.

A la bonne heure ! voilà l'extrême limite du bon marché. La vente des frères Meurt-de-Soif se fait à la criée, au rabais, sur une table, le soir, à la lueur des torches. Là, vous avez un véritable habit des ateliers d'Humann, un véritable gilet de chez Blanc, un véritable pantalon coupé par Morbach, en un mot un véritable habillement de fashionable, pour combien? pour trois francs le tout! Et par dessus le marché l'esprit et l'érudition des Meurt-de-Soif. Rien de plus drôlatique que leur *boniment.* En voici un échantillon :

« Regardez, Messieurs : cet habit a appartenu
» à un prince russe et lui a valu la conquête d'une
» danseuse de la Grande-Chaumière. Il a fait en-
» suite l'admiration de tous les habitués de la Clo-
» serie-des-Lilas, sur le dos d'un artiste pédicure

» très connu. C'est aussi avec cet habit que le va-
» let de chambre d'un mylord a enlevé une figurante
» des Délassements, qui le prenait pour son maître.
» Il nous est arrivé parceque ce dernier s'est ruiné
» à payer des chinois à sa dulcinée. Eh bien! moi,
» malgré tous ces glorieux souvenirs, malgré tou-
» tes ces conquêtes qui lui sont dues, je vous le
» donne pour trois francs! Trois francs! Avis aux
» hommes à bonnes fortunes. »

L'habit est mis à prix trois francs, mais, après, descend peu à peu jusqu'à trente sous. Le pantalon se vend ensuite un franc, et le gilet cinquante centimes.

Au surplus, les clients de la famille Meurt-de-Soif sont aussi souvent les vendeurs que les acheteurs. Quand ils *se nippent*, ce n'est généralement que pour quelques jours. Ils se défont volontiers le lundi de ce qu'ils ont acquis le dimanche. Les vêtements en question font souvent la navette : ils retournent souvent de l'acheteur aux marchands, des marchands aux acheteurs, et toujours ainsi, *usque ad*, etc. Il en est qui sont revenus vingt fois chez ces derniers, et sur lesquels ils ont toujours fait des bénéfices.

La mère Moskow est le complément habituel des frères Meurt-de-Soif. C'est une ancienne vivandière de la grande-armée, qui loue du linge blanc, ou à peu près. Elle loue une chemise par semaine pour vingt centimes, à condition qu'on rendra celle qui a été portée. Si on veut avoir son linge *à soi*, on paie cinquante centimes, et l'on en devient légitime propriétaire.

La mère Moskow court particulièrement les ventes de vieux linge, et c'est avec les vieux draps qu'elle compose les incroyables sacs qu'elle prête ou vend sous la qualification de chemises neuves. De même que la famille Meurt-de-soif, la mère Moskow a un atelier où elle emploie une vingtaine de femmes qui représentent à elles toutes l'âge du monde moderne. Elles sont occupées à coudre, à tailler, à rapiécer, à assembler. Jamais les habits d'Arlequin n'ont été composés de plus de pièces et de morceaux.

La mère Moskow entreprend aussi les fournitures de layettes et de trousseaux dans le même genre.

A la suite des deux industries précédentes, il convient de ranger celle du fabricant de *dix-huit*. On nomme ainsi le *riboui*. Le *riboui* n'est pas tout à fait un savetier, c'est plus et moins; de même que le dix-huit n'est pas un soulier remonté ou ressemelé, c'est plutôt un soulier redevenu neuf:

de là lui vient son nom grotesque de dix-huit, ou deux fois neuf. Le dix-huit se fait avec les vieilles empeignes et les vieilles tiges de bottes, qu'on remet sur de vielles semelles retournées, assorties, et qui, au moyen de beaucoup de gros clous, finissent par figurer tant bien que mal une chaussure. Cela se vend sans aucune garantie, à la grâce de Dieu. La durée est généralement de huit jours. Quant au prix, il varie de quinze à vingt sols. C'est fort cher, eu égard au résultat, et les économistes ne manqueront pas de conseiller de préférence de belles et bonnes chaussures de vingt à trente francs. Ce conseil ressemble à l'ordonnance de ce médecin qui, ayant à traiter un malheureux épuisé par la misère et la faim, lui prescrivait, au dire de l'auteur des *Béotiens*, de boire du vin de Bordeaux, de manger des viandes succulentes et d'aller chaque jour se promener au bois de Boulogne à cheval.

Si maintenant nous voulons entrer dans les arts d'agrément, dans l'article fantaisie, dans l'*utile dulci*, comme disaient les Latins, nous ferons une visite à madame Vanard, qui a su réunir ces deux choses si difficiles dans une seule industrie. Madame Vanard est *zesteuse*.

C'est une touchante histoire que celle de cette jeune et jolie femme restée veuve et sans fortune à dix-huit ans. Son mari s'est tué à la besogne pour donner à sa femme le bien-être et le luxe. Il avait établi une petite distillerie où il travaillait à condition pour les parfumeurs et les confiseurs.

Pendant le peu de jours heureux que ces deux époux passèrent ensemble, Madame Vanard, à force de voir travailler son mari, avait fini par surprendre quelques uns des secrets de la science chimique; elle pouvait le remplacer près de ses alambics pendant ses absences. Aussi voulut-elle, quoique inconsolable, continuer son commerce. Elle se souvint que celui qu'elle regrettait, lorsqu'ils se permettaient, le dimanche, le petit dîner chez le traiteur, lui avait dit à propos de citron : « Un homme intelligent, avec ce qui se jette à Paris de pareilles écorces, pourrait faire sa fortune. »

Madame Vanard avait de l'intelligence; elle prit un panier à son bras et s'en alla rôder dans la rue Montorgueil, cette patrie des huîtres. Quand les chiffonniers avaient passé et retourné tous les tas de détritus pour y chercher leur récolte, elle commençait la sienne. Les garçons limonadiers et restaurateurs, voyant une jolie femme qui venait chaque matin butiner où tant d'autres avaient passé avant elle, s'inquiétèrent de ce qu'elle cherchait si attentivement et promirent de lui mettre de côté les précieuses écorces. Après les limonadiers vint le tour des balayeurs de théâtres.

Bref, madame Vanard finit par fonder un atelier et prit à sa solde des *ramasseurs* et des *ramasseuses*. C'est cet atelier que nous avons visité. Figurez-vous une pièce immense, toute tapissée de claies en osier du sol au plafond, et sur ces claies des myriades d'écorces d'oranges, des monceaux de pelures de citrons. Au milieu de cette pièce, autour d'une longue table, une vingtaine de jeunes ouvrières, chantant, babillant, sont occupées à *zester* ces écorces. Elles les empilent dans des sacs, dans des boîtes, dans de grandes caisses. Ainsi préparée, la pelure change de nom et devient zeste. Cette matière est pesée, empaquetée, expédiée dans tout Paris, dans toute la France, et même jusqu'à l'étranger, où elle se transforme encore, change de nom et devient curaçao de Hollande, sirop de limon, orangeade, citronnade, limonade, essence de citron, etc. Telle est l'industrie qui a fait la fortune d'une femme charmante, aimant les arts et la littérature, ayant maintenant sa loge aux Français, aux Italiens et à l'Opéra, une fois par semaine.

Voici une autre veuve, moins jeune, moins jolie, moins élégante, moins intelligente aussi, qui a trouvé moyen de faire une belle fortune là où personne n'avait vu que de grossières vétilles. Madame veuve Thibaudeau s'est établie *fermière de balayage*. Vous tous, excellents citadins, vous payez pour faire balayer vos escaliers; Madame Thibaudeau paie au contraire pour balayer ceux des autres.

Certes, Madame Thibaudeau n'est pas née avec un goût tout particulier pour le balayage, comme on dit que les poètes naissent avec la passion des vers, et les rôtisseurs avec celle de la broche. Non, c'est par raison qu'elle s'y est adonnée.

Madame Thibaudeau exerçait la modeste profession de concierge. Elle tirait le cordon d'une maison sise à Paris, rue du Temple. Cette maison était occupée tout entière par deux fabricants, tous deux bijoutiers. Or, par un hiver très rude, elle eut l'idée économique de brûler, dans un vieux chaudron qui lui servait d'âtre, tous les détritus que lui fournirait son balai. L'idée était doublement bonne. Elle s'aperçut que ce qu'elle avait regardé jusque là comme une vile poussière devenait, mêlé avec des mottes et du charbon de terre, un excellent combustible. Puis, les beaux jours étant venus, Madame Thibaudeau voulut faire la toilette d'été à son ménage. Elle prit son vieux chaudron et le débarrassa de ses cendres. Mais jugez de sa surprise, lorsqu'au lieu d'une cendre ordinaire, s'envolant au vent, elle trouva quelque chose de résistant qui semblait soudé au fond de l'ustensile, et qui, de temps en temps, jetait des reflets jaunes. Elle fit examiner ce résidu : c'était de l'or. Madame Thibaudeau avait découvert la pierre philosophale; elle avait retrouvé la science des Nicolas Flamel, des Paracelse et des Balsamo.

Elle prit dès lors à ferme le balayage des escaliers dans les maisons habitées par des bijoutiers en or, tant et si bien qu'avec les bénéfices qu'elle en retira, elle put entreprendre concurremment une autre industrie non moins lucrative : elle achète d'immenses terrains aux environs de Paris et y fait construire des villages suisses. Elle en revend ensuite les chalets à des marchands de la rue Saint-Denis qui peuvent y chanter tous les dimanches : *Arrêtons-nous ici*, *l'aspect de ces montagnes*, etc.

Nous avons signalé dans un de nos précédents articles l'industrie singulièrement champêtre de M. Simon, qui mène paître ses troupeaux à Paris, dans les vertes prairies qu'il possède au cinquième étage d'une maison du faubourg Saint-Hilaire. M. Simon a réclamé contre la qualification de *berger en chambre* que nous lui avons donnée : c'est *nourrisseur* qu'il eût fallu dire. Soit ! Nous profiterons de cette rectification pour ajouter quelques détails à ceux que nous vous avons donnés.

M. Simon s'habille en paysan ; il porte des sabots et une blouse grise ; il ressemble donc à Jean Guettré de Pierre Dupont plus qu'à un Colin d'opéra-comique. Nous n'avons pas remarqué la moindre houlette dans sa *bergerie*, ou plutôt dans sa *nourrisserie*. Mais, en revanche, sa conversation est fleurie comme un couplet de Dupaty ; il parle rose et aurore ; ses comparaisons sont florianesque et parfumées. Il a pris Némorin et Céladon au sérieux.

Lorsque nous entrâmes dans son étable, après avoir monté quatre-vingt-dix marches, nous nous arrêtâmes étonné : il nous semblait être dans une de ces belles fermes des montagnes d'Écosse, où tout est si bien rangé qu'on se croirait plutôt dans une bibliothèque d'amateur que dans une écurie.

L'étable de M. Simon est composée de deux longues salles, partagées en *boxes*, comme disent les *gentlemen*. Dans chacune de ces cages il se trouve une chèvre. Il y en a cinquante-deux. Au-dessus de la mangeoire, à l'endroit où sont ordinairement les râteliers à foin dans les écuries de chevaux, est placée une façon d'armoire en bois blanc, ciré, verni; c'est-là que M. Simon enferme la nourriture de son élève. On lit en grosses lettres des inscriptions du genre de celles-ci :

Mélie Morvanguilotte. — Nourrie à la carotte pour Mme....., attaquée d'une maladie de foie.

Marie Noël, née à l'étable (1851), de Jeannette et de Marius. — Nourrie de foin ioduré pour le fils de M....., sang pauvre.

Puis viennent les observations. Nous ne vous citerons pas les noms des maladies que M. Simon traite par le lait de chèvre, ni les termes scientifiques qu'il emploie pour déguiser les médicaments qu'il fait avaler à ces pauvres bêtes pour les faire servir de pharmacie vivante à ses clients. Nous ne sommes ni médecin ni chimiste, nous ne pouvons donc rien dire de cette pratique; mais ce que nous pouvons affirmer, c'est que, si le sort, au lieu de jeter à Paris un berger en chambre au cinquième étage, eût placé M. Simon dans une bonne ferme du pays de Caux, il eût certainement disputé à M. Cornet l'honneur de fournir à Paris ses bœufs gras, et à M. Estancelin celui d'envoyer au concours des porcs de la grosseur des veaux.

La température rigoureuse de cet hiver a fait naître deux petites industries nouvelles. Tous les soirs, pendant la gelée, des ouvriers maréchaux se tenaient avec une lanterne et leurs outils sur les quais, aux abords des ponts, sur les boulevards, et ferraient à glace, pour un prix minime, tous les chevaux des cochers qui ramenaient du monde des théâtres ou de soirées.

De leur côté, les charretiers de louage se portaient aux endroits difficiles de la ville, et quand arrivait une voiture pesamment chargée, ils proposaient un cheval en aide pour quelques sous.

Mais voici venir M. Oscar Mithat, avec sa grande entreprise de fourniture d'os de jambonneaux. Celui-ci entre dans la carrière, mais il y entre à la façon des maîtres, en accaparant un genre de commerce.

Nous pourrions faire ici un savant travail de statistique, et prouver que le nombre des jambonneaux mangés à Paris dépasse des deux tiers au moins le nombre de porcs qui s'y consomment. Aussi, avant l'avénement de M. Oscar Mithat, lorsqu'on mangeait un jambonneau dans un atelier, on en laissait l'os au gamin qui allait faire l'acquisition ; il le rapportait au charcutier, qui lui remettait deux sous en échange. Donc le jambonneau se fabrique ; donc cette épaule est un prodige d'anatomie, un *chef-d'œuvre* que tout bon charcutier doit exécuter pour être reçu compagnon dans son art. Il y a à Paris des os qui servent depuis dix, vingt ans, qui chaque matin sortent garnis de la boutique, et y rentrent le soir absolument dénudés.

Eh bien ! ces beaux jours sont passés pour le gamin et l'apprenti. M. Oscar Mithat se charge de fournir à dix sous la douzaine tous les os de jambonneaux dont on peut avoir besoin dans la consommation parisienne.

Le père Cotin, lui, vend de la fumée, autrement dit de la *suie tamisée.* L'an dernier, il a fait pour cent mille francs d'affaires avec l'Amérique ; seulement, et d'après ses livres, il a donné plus de vingt mille francs d'argent à ses *tamiseuses* et trente mille aux Savoyards qui lui vendent sa matière première.

Près des magasins de M. Cotin, que les propriétaires ont relégué hors Paris, sous prétexte qu'il noircissait tout dans leurs maisons, nous avons vu une enseigne que nous livrons à la sagacité de nos lecteurs. La voici :

Berouley aîné, fabricant d'allumettes chimiques DE DEUXIÈME QUALITÉ. *Gros et détail.*

Pourquoi de deuxième qualité? La réponse nous manque. M. Berouley serait-il par hasard l'inventeur des fameuses allumettes dont parle Arnal dans les *Cabinets particuliers*? Toujours est-il que son enseigne nous a plongé dans un océan de suppositions.

Place maintenant au célèbre Édouard, le *canardier* par excellence, le roi des crieurs publics.

Tout le monde connaît M. Edouard ; tout Paris a admiré aux abords des théâtres un homme à l'allure athlétiqne, à la voix de stentor, à l'œil fin, au sourire gracieux, qui hurle pendant six heures consécutives : « Voilà ce qui vient de paraître ! », et qui vous vend une petite brochure imprimée depuis plus d'un an. Mais n'est pas canardier qui veut. Il faut savoir allécher son public. M. Edouard n'a pas de rival. Il vend les petits livres de M. Émile Jaeglé, le Duranton du canard. Jusqu'à présent, les libraires du quartier Latin, malgré toute leur imagination, n'avaient pu trouver que trente-six codes, M. Jaeglé en a trouvé un trente-septième : c'est le *Code des portiers*.

Voici comment M. Edouard le vend au peuple de Paris.

« Le *Code des portiers*, ou la tranquillité des » locataires. Il faut voir çà, messieurs, connaître

» ses droits. Si vous avez un mauvais portier, en-
» voyez-le moi : je suis le grand redresseur de torts,
» le Cabrion des Pipelets, la terreur de la loge ;
» tous les cordons m'ont été envoyés par ces sul-
» tans de la porte-cochère pour me pendre. Je les
» ai dédaignés, parceque je veux rendre service
» à mes concitoyens. Voyez cela, lisez ; il y a là
» de quoi vous faire frémir. Prenez le code des
» portiers, et, rien qu'en sachant que vous l'avez
» dans votre poche, le vôtre vous ouvrira au pre-
» mier coup de marteau, même après minuit, etc.,
» etc.

Outre le *Code des portiers*, M. Jacglé a publié toute une série de petits guides à un sou. Il y a le *Code des gens mariés*, le *Code de l'ouvrier*, le *Code du domestique*, le *Code de la prévoyance*, même le *Code des morts*. Sous une forme légère, il a eu l'idée, ingénieuse du reste, de répandre dans le peuple la connaissance des lois que chacun est censé connaître et que personne ne connaît.

Nous laisserons dormir en paix les morts, dont le code ne nous a pas paru d'une utilité bien réelle, et celui des portiers, qui nous fait peur ; mais nous dirons que celui de l'ouvrier est une œuvre sérieuse. Dans un petit traité clair et succinct, M. E. Jacglé a su rappeler au travailleur tous ses droits et tous ses devoirs. Il lui enseigne à aimer la patrie, à respecter la loi, à protéger ses droits. Si l'on vendait à bon marché, dans les villes et les villages, de petits livres bien rédigés sur des sujets de morale, d'histoire, de science pratique, contenant en outre quelques notions usuelles de législation, d'agriculture, de jardinage, etc., ces livres exerceraient une favorable influence.

Si nous avons rencontré çà et là des industries qui nous ont étonné, celle de M. Mathieu Leblanc nous a véritablement stupéfié.

M. Mathieu Leblanc est poète lyrique, et il vit de son état !

M. Mathieu est un petit homme maigre, nerveux, chétif, toujours strictement vêtu de noir. Il marche courbé, fait des grimaces en parlant, et se regarde dans les glaces lorsqu'il lit ses vers, qu'il ne comprend pas toujours lui-même. Il est né à Alby. Il a dans ses cartons deux ou trois tragédies et vingt ou trente comédies. Il s'est fait le chantre de toutes les gloires, de tous les événements, de tous les avénements. Dès qu'un air réussit au théâtre, il en fait une chanson populaire. C'est le Jovial de notre époque. Il chante pour dîner, pour souper, pour boire et pour dormir. Il chante les mariages et les baptêmes, les établissements en vogue et les catastrophes.

Voici un échantillon de son savoir-faire en poésie. Mlle Déjazet a eu un grand succès en chantant le *Vin à quat'sous* ; M. Mathieu Leblanc a fait sur le même air le *Roi des Auverpins* :

Le roi des Auverpins
A fini sa carrière,
Et de peaux de lapins
On a couvert sa bière.
Venez tous, marchands d'coco,
Vendeurs d'habits et porteurs d'eau,
Venez célébrer les destins
Du fameux roi des Auverpins.

C'est avec des vers de cette force que M. Mathieu Leblanc a résolu cet insoluble problème :

M. Mathieu Leblanc est *poète lyrique*, et il vit de son état ! ! !

LA CHILDEBERT

LA CHILDEBERT

DOCUMENTS POUR SERVIR A L'HISTOIRE DES TRAVERS, DES IDÉES, DES GLOIRES ET DES RIDICULES DU XIXe SIÈCLE.

—

Le marteau municipal ou privé abat chaque jour quelque fragment de la vieille cité parisienne. Il faut se hâter d'en esquisser la biographie, si l'on veut que ces ruines d'un autre âge ne disparaissent pas complétement de la mémoire des hommes, comme de la surface du sol. Au premier rang des vieux édifices de ce genre nous n'hésitons pas à placer une immense masure que vient de faire disparaître le prolongement de la rue du Pot-de-Fer-Saint-Sulpice jusqu'à la place Saint-Germain-des-Prés, à travers l'îlot de la rue Sainte-Marguerite, et qui, exclusivement habitée par des poètes, des prosateurs, des dramaturges, des peintres, des sculpteurs, des architectes et des rapins, exerçait, depuis cinquante ans et plus, sur les arts, les lettres, les théâtres, les idées, les mœurs, le langage et les modes, une influence prépondérante dont peu de critiques se sont doutés, et qu'il n'est pas sans intérêt de constater au moment même où elle cesse.

La grande et puissante bicoque dont nous parlons avait été bâtie sur une partie des jardins de l'abbaye Saint-Germain, qui furent vendus comme propriété nationale en 1793. C'était un vaste capharnaum composé de chambres de garçon depuis le premier jusqu'aux combles. La plupart de ces pièces avaient été converties en ateliers par de jeunes artistes. On ne peut se figurer le nombre de gens devenus célèbres qui les ont habitées successivement.

Cette maison était située place Saint-Germain-des-Prés, rue Childebert, n. 9, d'où lui était venu le nom dédaigneux de *la Childebert.*

Grâce à sa proximité de l'Institut, de l'école des beaux-arts, du musée du Louvre et de celui du Luxembourg, grâce surtout à la modicité du prix de ses loyers, dès le temps de David, alors que l'illustre conventionnel régnait en despote sur les arts, la Childebert était devenue le quartier général des novateurs. Les élèves de Lethière notamment s'y étaient réfugiés et y formaient déjà une colonie révolutionnaire. Et l'art d'alors était divisé en deux camps : l'école de David et celle de Lethière.

Lethière était mulâtre de la Guadeloupe ; il était fort mauvaise tête, très brave, tres peu endurant. Après une querelle qu'il eut au Café Militaire de la rue Saint-Honoré, et dans laquelle il eut le malheur de tuer et de blesser très grièvement plusieurs officiers, il dut quitter Paris, et, grâce à la protection du prince Lucien Bonaparte, il fut nommé directeur de l'école de peinture à Rome ; son atelier, où il se faisait autant d'assauts d'armes que de peinture, fut fermé, et ses élèves furent envoyés, par ordre, dans tous les autres ateliers.

En perdant l'atelier de Lethière, les habitants de la Childebert perdirent les plus spirituels et les plus turbulents de leurs alliés. Mais ils se recrutèrent bientôt de troupes fraîches : nous voulons parler des paysagistes qui osaient renoncer au paysage historique, copier tout bonnement la nature, abandonner, par exemple, la fabrique romaine au fond à gauche, l'olivier sacramentel et le ciel d'Italie beurre frais, pour les remplacer par les arbres du bois d'Aulnay et le ciel brumeux des environs de Paris. Leurs tentatives soulevèrent naturellement un haro universel. Voici comment les traitait la critique du temps : « Ces jeunes gens » ont entrepris une croisade contre le beau, ils » foulent aux pieds tout ce que *nous autres* » *vieillards*, qui n'avons pas de goût (douce iro- » nie), nous avons respecté. Ils se mettent sur » le bord d'une mare, avec un moulin en per- » spective et Charenton dans le fond, et ils étu- dient!... » Mais qu'attendre de gens qui peignent » la pipe et le cigare à la bouche, et qui ne » vous abordent sur *leur* place des Petits-Au- » gustins que puant le tabac, empestant l'eau-de- » vie ainsi que les pandours ivres ? O Poussin ! O » Claude Lorrain ! que diraient vos grandes om- » bres ? etc., etc. » Cet anathème était signé de M. de Jouy, l'auteur des *Hermites*, membre de l'Académie française et *défenseur des saines doctrines*.

La Childebert était alors occupée par Boilly, qui a laissé tant de charmantes compositions ; Men- jaud, auteur de l'*Avare puni ;* Pierre Audoin, graveur ; Gassiès, élève de David, qui avait aban- donné l'histoire pour peindre des intérieurs : le musée du Louvre possède l'intérieur de l'église de Saint-Prix peint par lui ; Pagnest, auteur du por- trait de M. Nanteuil qu'on admire au musée fran- çais ; Claudion (le jeune), le sculpteur érotique, qui aujourd'hui est regardé comme un des plus agréables talents de l'école moderne ; les amateurs le mettent tout à côté de Prud'hon ; Cochereau, autre peintre d'intérieur, autre renégat de l'école de David, et enfin Debucourt, qui a laissé de charmantes caricatures dans le genre de Carle Vernet, et qui a perfectionné la gravure en faisant imprimer des planches à deux ou trois tons, imitant l'aquarelle, et qu'on touchait après. Le vulgaire lui a attribué l'invention de la gravure à l'aqua-tinta. Cette gravure, au secret de laquelle on semblait, en 1815, s'initier pour la première fois à Paris, y avait été découverte en 1760 par Leprince. Il en est de même de la gravure en couleurs, que Debucourt remit en vogue, et qui avait pris naissance à Francfort dans l'atelier de Christophe Leblond, qui se rendit à Londres en 1730 et y fit paraître un petit traité. Cette découverte importante comme art et comme industrie à enrichi bien des éditeurs et bien des fabricants, et Christophe Leblond est mort à l'hôpital en 1741. C'est toujours la même histoire. On a fait honneur aux Anglais de toutes ces inventions qui appartiennent à des Français ; seulement nos voisins s'en sont emparés et les ont perfectionnées.

Cependant l'empire avait fait place à la restauration, et toutes les imaginations demandaient aux lettres, à la philosophie et aux arts l'aliment que la guerre ne leur offrait plus. Les *coloristes* et les *fantaisistes* s'étaient organisés dans le tohu-bohu des innovations qu'on tentait dans tous les genres. Ils avaient inventé une sorte de moyen-âge abricot, avec des crevés et des manches à gigots, inspiré par la *Gaule poétique* de M. de Marchangy, les romans de M. d'Arlincourt et toute la littérature boursoufflée et royaliste du temps : car, par haine des Grecs et des Romains de l'empire, ceux-là s'étaient faits royalistes. Leur invention n'était qu'une réminiscence ; elle avait déjà vu le jour lorsque, partant pour la Syrie, le jeune et beau Dunois à la vierge Marie consacrait tant d'exploits. M. Revoil, peintre de l'école de Lyon, avait exécuté les plus beaux modèles du genre. Le musée du Luxembourg possédait encore, il y a tout au plus un an, deux très remarquables échantillons de ce faire : c'étaient la *Convalescence de Bayard* et un autre trait de la vie du chevalier sans peur et sans reproche. Nous ne savons ce qu'ils sont devenus, mais nous les regretterions beaucoup si on les avait relégués dans quelque grenier, car ils représentent parfaitement le temps où les *preux,* les *destriers,* les *troubadours*, étaient devenus à la mode; le temps des épées courtes avec un trèfle à la pointe et une petite croix en cuivre à la poignée; le temps des justaucorps de satin, des écharpes à la couleur des dames et des lyres en bandoulière ; le temps où l'on mourait si galamment pour sa dame, son roi et son Dieu, le tout sur un air de Blangini ou de Romagnesi.

Heureusement Géricault, qui, dans sa jeunesse, avait beaucoup fréquenté la Childebert, vint faire diversion à toute cette mascarade en ramenant l'art à des données possibles. Ses trois tableaux, le *Chasseur*, le *Cuirassier*, le *Naufrage de la Méduse*, furent une véritable révolution. Bientôt après parut M. Eugène Delacroix, et la peinture fut sauvée.

M. Paul Delaroche et tous ceux qui firent la première campagne du *romantisme* habitaient la *Childebert*. Ils riaient des partisans du genre chevalier-troubadour-abricot, comme ceux-ci avaient ri des Grecs et des Romains. Toutes leurs charges étaient faites contre les *Almanzors* et les *amants d'Elodie*. Pour eux, les plus farouches novateurs du règne impérial étaient devenus des *perruques*, des *rococos*, des *celadons*. Ainsi vont les écoles, et ils devaient bientôt se voir surpasser eux-mêmes dans leurs hardiesses les plus téméraires.

C'était le temps des Hellènes; on ne parlait plus que de Grecs, on ne peignait plus que des Grecs; les expositions n'étaient pleines que de massacres de Grecs et de tueries de Turcs. Tous les poètes avaient fait rimer Hellènes avec Athènes au pluriel; tout le monde voulait, à l'exemple de Byron, aller mourir dans quelque Missolonghi; mais on n'avait garde de partir. On commençait à traduire les œuvres de lord Byron; M. de Lamartine avait fait paraître ses *Méditations*, et M. Victor Hugo préparait ses *Orientales*. Talma était mort. On bâillait à se décrocher la mâchoire aux tragédies; on riait aux mélodrames de Pixerécourt et de Victor Ducange. C'était partout une inquiétude extrême; chacun voulait faire du neuf à tout prix. Les écoles étaient abandonnées, les traditions perdues. Bref, tout faisait présager une grande révolution dans les arts. Enfin M. Defauconpret donna les premières traductions de Walter Scott. Que de folies n'a-t-il pas engendrées à son tour! Mais du moins il nous délivra des Hellènes.

La seconde campagne du romantisme commença : ce fut celle des pourpoints, des justaucorps, des hauts-de-chausse mi-partis, ce que dans le langage de l'époque on nomma la *couleur locale*. MM. Schœffer, Saint-Evre, Durupt, Auvray, furent les porte-drapeaux de la nouvelle croisade, et les frères Johannot, Tony et Alfred, et les deux Dévéria, Alfred et Eugène, en furent les trompettes. On jura haine à tous les devanciers.

La Childebert devint naturellement le quartier général des agresseurs. Les exaltés s'y réunissaient une ou deux fois par semaine; on s'y donnait le mot d'ordre, on y prenait solennellement l'engagement d'*échiner* tel ou tel individu, on y dressait les listes de proscription.

On dédaigna tout ce qui s'était passé depuis le règne de Louis XIII. Il n'y avait de bonne littérature que celle qui n'avait pas été souillée par les règles d'Aristote et de Boileau. A la très grande rigueur, on admettait encore Théophile de Viau, et peut-être Molière et Corneille; mais Racine, Boileau, Voltaire et tous les poètes du dix-septième et du dix-huitième siècle étaient traités de *rococos* et de *perruques*. On n'y parlait plus le français des encyclopédistes et de ceux qui ont régularisé notre langue. On s'était fait une espèce de jargon imitant, autant que l'érudition des interlocuteurs le permettait, le *vieil langaige* de messires Rabelais, Froissard et Monstrelet. On ne disait plus le peuple, mais le *populaire;* beaucoup, mais *moult;* monsieur, mais *messire* ou *monseigneur*. Le fond de toute cette linguistique se trouvait dans quelques jurons plus ou moins bien appropriés aux personnalités. Ainsi on entendait souvent le fils du portier, qu'une vocation plus ou moins réelle avait jeté dans un atelier, jurer par sa *foi de gentilhomme.* Un autre qui, de sa vie, n'avait jamais porté que des gilets de drap, et dont les innocentes mains n'avaient jamais manié en fait d'acier que les couteaux de fer de la gargotte de madame veuve Chamfort, s'écriait dans ses moments d'enthousiasme : *Par mon armure de Milan !* Les *Tête et sang !* les *Malédiction !* étaient d'un usage quotidien. Nous nous souvenons d'avoir entendu un de nos parents les plus proches, chez un restaurateur où le garçon ne le servait pas assez promptement, s'écrier : *Par ma lance de Mathew Dunster, tavernier du diable !* Un jour, un de ces messieurs étant tombé dans la rue, la tête porta sur le trottoir, et il se fit une horrible blessure au dessus de l'œil. Malgré la douleur et le sang qui l'inondait, il ne dit que ces mots : « Ah ! messeigneurs, je me suis crevé l'œil. »

C'est aujourd'hui un homme grave.

Voici comment se passaient les séances du cénacle. Un poète se levait, déployait son manuscrit et commençait :

J'aime les nuits brumeuses,
Et le temps lourd des soirs.
J'aime.....

UNE VOIX. Dis donc, Phœbus, passe-moi le tabac !

AUTRE VOIX. Par les griffes de Satan, laissez lire le ménestrel !

PREMIÈRE VOIX. Je me tais; mais est-ce un lai, un virelai, ou quelque ballade bien sombre, dont nous serons ragoûtés ?

LE POÈTE, *recommençant.* C'est une ballade.

J'aime les nuits brumeuses
Et le temps lourd des soirs.

UNE AUTRE VOIX. Ah ! tête et sang ! il n'y a plus d'eau-de-vie !

Le poète furieux repliait son manuscrit, traitait ses amis de *cagots*, de *francs-mitoux* ou de *truands*, et il remettait son œuvre en poche, en disant que tous ces gens-là étaient indignes « de *brouter les verselets purpurins qu'une douce imaginative* formait en son cerveau. » Puis on se cotisait pour faire venir du tabac et des petits verres.

C'était le bon temps de la *couleur locale* et du *style chaud et coloré*. Il n'est peut-être pas inutile

d'expliquer ici ce qu'on entendait par ces mots, qui sont aujourd'hui presque oubliés. La *couleur locale* consistait surtout à faire dire au personnage le nom de toutes les fabriques d'où sortaient les objets dont il parlait et à faire connaître de quelle matière étaient faits ces objets. On disait : *ma bonne dague d'acier*, *mon pourpoint de brocart*, *mon justaucorps de Venise ;* absolument comme si aujourd'hui on faisait dire à un acteur : « Don-
» nez-moi mes bottes de cuir, ma canne de bois,
» mon habit de drap, ma redingote de Sedan,
» mes gants de Paris, ma cravate de Lyon et ma
» chemise de Hollande. » Quant au *style coloré,* c'était à peu de chose près le même procédé. Ainsi, on disait sans rire : « Son haut-de-chausse,
» mi-parti jaune et rouge, disparaissait sous des
» bottes de cuir de Flandre de couleur grise, et,
» en frappant les dalles sonores de la grand'salle
» de vieux chêne, ses éperons d'argent réson-
» naient à chaque pas. »

Cela avait un succès immense; c'était d'un *haut goût littéraire.*

Ces jeunes gens, les membres du cénacle de la Childebert, poussaient l'amour du moyen âge si loin, que pour se donner un air encore plus gothique ils falsifiaient leurs extraits de baptême, ils torturaient leurs noms de famille. Les Jean devenaient *Jehan*, les Pierre *Petrus*, les Louis *Loys*. On tournait et retournait tellement son nom, qu'on parvenait toujours à y introduire un *h* ou un *k*, car les *c* n'existaient plus. Ceux que le hasard avait traités par trop bourgeoisement sur leurs actes de l'état civil n'hésitaient pas à abandonner leur nom de famille et en adoptaient un bien ronflant, datant au plus tard du quatorzième siècle. Par notre foi de gentilhomme ! ils riraient bien si, aujourd'hui qu'ils sont tous devenus des gens sérieux, on leur présentait certaines pages qu'ils ont écrites alors sous leurs noms goths, huns ou visigoths.

Les costumes subirent cette même influence. Qui ne se souvient d'avoir vu alors dans les rues de Paris des jeunes gens vêtus de pourpoints et coiffés de toquets de velours ? Qui ne se souvient de tous les vêtements bizarres qui précédèrent la révolution de juillet ? Après le succès d'*Henri III*, d'Alexandre Dumas, on porta des barbes à la Saint-Mégrin et des chapeaux à la Bussy-Leclerc. Chaque pièce en vogue, chaque livre nouveau, amenait de la sorte une extravagance nouvelle. Walter Scott avait mis l'Écosse à la mode ; lord Byron nous avait valu l'invasion des Grecs ; Victor

Hugo fit des Turcs en publiant les *Orientales*. On avait porté les cheveux longs d'une aune, tombant droits et raides jusque sur l'épaule, à la roi Jean, à la Charles VI, à la Louis XII. Un beau matin on vit apparaître des exaltés avec la tête presque rasée, à la façon des têtes rondes. On se donnait l'air pirate, on marchait à la forban. L'Espagne eut son tour; on ne rêva que señoras, sérénades, balcons et fenêtres grillées; on se déguisa en personnages de Zurbaran et de Velasquez.

Or, pendant ce temps, il y avait à la *Childebert*, au milieu de toute cette cohue, un artiste modeste, homme d'esprit et de raison, qui ne partageait nullement toutes ces billevesées. Il ne se passionnait pas chaque matin pour une nouvelle idole, il se contentait de travailler à sa guise et d'étudier consciencieusement son art. De temps en temps, il se permettait même quelques mots assez piquants à l'adresse des *sires* et *seigneurs*. C'était là un crime qu'on ne pouvait lui pardonner. Il fut mis au ban, on le honnit, on lui fit toutes les charges imaginables, et, comme la nature l'avait doué d'autant de nez que d'esprit, de talent et de bon sens, M. Fourreau s'avisa un jour de faire sa caricature. Elle eut un succès immense. Dantan jeune la reproduisit en terre avec cette verve ingénieuse dont il a depuis donné tant de preuves; il la spiritualisa pour ainsi dire; et, dès ce moment, M. Bouginier, tel était le nom de la victime, devint populaire. La charge en sculpture, qui avait été oubliée, reparaissait rajeunie, fraîche, accorte et pleine de grâce. Elle devait, entre les mains de son rénovateur, prendre un essor qu'elle n'avait jamais eu.

En moins de quinze jours, tous les murs de Paris eurent leur Bouginier ; les romantiques de la Childebert commencèrent cette *scie* par vengeance, les gamins de Paris la continuèrent par désœuvrement. Paris ne possédait pas un seul pan de muraille qui n'eût son Bouginier. Il fallait en doter la province. C'était au commencement de l'été. La plupart des artistes entreprenaient leurs pèlerinages. On promettait de se rejoindre, mais où? mais comment?

« Ma foi, dit un des premiers partants à ceux qui devaient partir plus tard, nous sortirons par la barrière d'Italie. Regardez les murailles le long de la route : vous y trouverez votre itinéraire. »

Ils partirent en effet, et, quinze jours après, une seconde caravane se mit en marche. Quel chemin prendre? La première chose qu'ils aperçurent sur la muraille, à côté de la barrière, ce fut un superbe Bouginier avec un doigt indiquant la route de Fontainebleau. Ils suivirent ces indications, qu'ils trouvèrent tout le long de la route, et qui les conduisirent à Lyon, à Avignon et à Marseille. Arrivés là, ils avaient la mer devant eux. On avait sans doute tracé la charge indicatrice sur les eaux du port, mais le flot avait tout effacé. Comment faire? Or, voici qu'en passant dans la Canebière, un des voyageurs retrouve tout à coup le fil d'Ariane. M. Bouginier était là, frappant de ressemblance et le doigt appuyé complaisamment sur le mot « Malthe », écrit sur l'enseigne d'un bureau de départ. Il n'en fallait pas davantage. On prit passage sur le premier navire en partance pour l'ancien séjour des chevaliers de Saint-Jean de Jérusalem. On trouva là, sur les murs de la Douane, le même signe conducteur et le doigt indiquant Alexandrie. On le retrouva en Egypte sur les pyramides. Enfin, après trois mois, les deux bandes se réunirent dans les ruines de Thèbes, au moment même où l'avant-garde était en train d'y tracer le nez et la main convenus et d'écrire : Suez.

Le dénoûment de cette charge se voit encore à Paris, place du Caire, où M. Berthier, architecte, ayant été chargé de faire une façade au passage, bâtit une maison égyptienne de l'ordre d'architecture de Karnac, et perpétua cette plaisanterie en plaçant à la frise, au milieu de divinités égyptiennes, le plus beau et peut-être le seul Bouginier qui survive dans les rues de la capitale. Quant à la petite charge en plâtre de M. Dantan, elle se trouve dans toutes les collections d'amateurs.

La révolution de juillet arriva au milieu des grandes disputes des classiques et des romantiques. Elle vint faire diversion à cette nouvelle querelle des anciens et des modernes. Les habitants de la Childebert se divisèrent en *Bousingots* et en *Jeune-France*.

Les premiers adoptèrent l'habit de conventionnel, le gilet à la Marat et les cheveux à la Robespierre; ils s'armèrent de gourdins énormes, se coiffèrent de chapeaux de cuir bouilli ou de feutres rouges, et portèrent l'œillet rouge à la boutonnière.

Les seconds conservèrent leurs pourpoints, leurs barbes fourchues, leurs cheveux buissonneux.

Les Bousingots et les Jeune-France n'avaient de commun que leur haine du *bourgeois*, qu'ils appelèrent génériquement *épicier*. La société ne se divisa plus à leurs yeux qu'en *bourgeois* et en *artistes*, les *épiciers* et les *hommes*. L'antagonisme était flagrant, et *Bousingots* et *Jeune-France* passèrent le jour à inventer des épithètes désagréables à l'adresse de leurs communs adversaires, et la nuit à imaginer des tours qui troublassent leur sommeil.

Cette métamorphose ne devait pas être la dernière, et Jeune-France et Bousingots procédèrent bientôt à leur vingtième incarnation.

Les uns, les Jeune-France, se transformèrent en *blasés*, en *rêveurs*, en *poitrinaires*; ils éprouvèrent tous du *vague à l'âme*, des *tristesses sombres*; ils étaient marqués du *sceau de la fatalité*. On ne peut se figurer toutes les tortures qu'ils s'infligèrent pour se donner *l'œil sombre et le teint pâle*. Il y en eut même qui ne reculèrent pas devant le moyen ordinaire des jeunes filles qui désirent conserver l'élégance de leur taille : ils firent d'effroyables consommations de vinaigre et de cornichons. Enfin la plupart se convertirent au néo-catholicisme, avec Gustave Drouineau et M. Roux-Lavergne. Comme il leur fallait toujours imiter une époque quelconque de notre histoire, ils se firent jansénistes, illuminés, quiétistes, et traitèrent les pères de l'Eglise comme ils avaient fait précédemment de Voltaire et de Racine. Seulement le jargon mystique avait remplacé le jargon du moyen âge ; ils étaient plus ridicules, et voilà tout le progrès.

Quant aux autres, ils avaient bien adopté aussi l'air intéressant, le visage pâle et les yeux sombres, surtout après les grands succès d'*Antony* et d'*Angèle* ; ils n'avaient aucune répugnance à porter un poignard à tête de mort dans leur poche, des habits de couleur sombre, une face de déshérité et des cheveux de maudit. Mais il ne leur convenait pas de se munir d'un cilice et d'aller s'agenouiller des heures entières sur la dalle froide des nefs gothiques. Les Bousingots, à peu près dégrisés de leurs théories littéraires et artistiques, tout en conservant les cheveux longs à la Buridan ou coupés courts à la *malcontent*, tournèrent leur encensoir du côté de la beauté, de la jeunesse, du vin et de la bière. Ils se firent *viveurs*, *matérialistes*, et, pour caractériser cette vingt-et-unième incarnation, prirent le noble nom de *Badouillards*.

Avec chaque incarnation, le style changeait, l'esprit s'identifiait avec la situation. Les badouillards furent les premiers à brûler ce qu'ils avaient adoré : ils devinrent les ennemis irréconciliables du moyen âge et de son jargon. Ils trouvèrent les côtés ridicules de la mode d'hier. Tout devint *de Tolède*, même le becfsteack aux pommes de terre. Il n'était pas rare d'entendre un jeune homme dire au garçon qui le servait chez le restaurateur : — « Donnez-moi du fromage de Brie, mais du Brie de Tolède. » Les mots *bon*, *excellent*, *exquis*, *beaucoup*, etc., étaient remplacées dans ce nouveau lexique par ces deux seuls mots : *de Tolède*.

Quant au reste de la langue, on se bornait à retrancher la dernière consonnance, pour y substituer la syllabe *mar*. On disait *épicemar* pour épicier, *boulangemar* pour boulanger, *cafemar* pour café. Ainsi de suite. C'était de l'esprit dans ce temps-là. Il est vrai que nos pères ont tous ri à se tordre en mettant le mot *turlurette* à la fin de chaque couplet de chanson, et nous-mêmes nous sommes long-temps amusés de ce refrain si connu *La rifla, fla, fla*, etc. Que signifiait MAR? Que voulait dire *turlurette*? Absolument la même chose que *la rifla*, *fla*, *fla*. Personne n'a jamais pu le savoir.

Quant aux mœurs des *Badouillards*, elles différaient de celles des *Jeune-France*. Pour être bon *Badouillard*, il fallait passer trois ou quatre nuits au bal, déjeuner toute la journée et courir en costume de masque dans tous les cafés du quartier latin jusqu'à minuit, heure où s'ouvraient les bals des Variétés, du Palais-Royal et de Musard. On appelait cela du bonheur *à grand orchestre*. Cela dura jusqu'en 1838, époque où l'école fantaisiste absorba Jeune-France et Badouillards. La haine seule du *bourgeois* survécut à cette dernière transformation. La *Childebert* continua de faire une rude guerre à l'*épicier* dans tous les genres. MM. Drolling, peintre, et Labrousse, architecte, y avaient établi leurs ateliers d'élèves, c'est-à-dire leurs camps. Que de fois, par exemple, les habitants du quartier, réveillés au milieu de la nuit par des bruits inconnus chez tous les peuples civilisés, regardaient aux fenêtres de l'infernale maison et se disaient avec une piteuse résignation : « Allons, nous ne dormirons pas cette nuit : il y a fête à la Childebert ! »

La Childebert était alors eclairée *a giorno*, depuis le premier jusqu'au belvédère, et l'on voyait passer devant les fenêtres des fantômes d'hommes et de femmes, dans des costumes étranges, indescriptibles, le tout criant, hurlant, gesticulant et gambadant.

C'est pendant une de ces fêtes qu'un paysagiste aujourd'hui célèbre, ayant frappé à la porte d'un de ses amis et ne recevant pas de réponse, n'imagina rien de mieux, pour vaincre cet obstacle, que d'y mettre le feu à l'aide d'un tas de copeaux. Ce commencement d'incendie fut regardé à la Childebert comme une des meilleures plaisanteries dont elle eût été le théâtre.

Les habitants du lieu ne se contentaient pas de troubler leurs voisins pendant la nuit; ils inventaient encore mille moyens de les effrayer pendant la journée. Ainsi, un jour, les élèves de M. Drolling s'emparèrent d'un énorme dogue blanc, la terreur du quartier, le peignirent en tigre, lui attachèrent une casserole à la queue et le lâchèrent sur la place. L'animal effrayé prit sa course à travers les rues du faubourg Saint-Germain; les passants se sauvèrent en jetant des cris, les boutiques se fermèrent, et pendant une heure ce fut une panique indicible dans tout l'arrondissement.

Une autre fois, au moment de la grand'messe, les fidèles qui se rendaient à l'église Saint-Germain-des-Prés trouvèrent la place envahie par une troupe de Bédouins, fumant de longues pipes orientales. C'étaient les hôtes de la Childebert, enveloppés dans leurs couvertures, qui venaient se chauffer au soleil, sur le trottoir opposé à l'église, au grand ébahissement des paroissiennes.

L'extérieur de la Childebert ressemblait à une immense cage à poulets, mais l'intérieur était plus horrible encore. L'escalier s'effondrait, les carreaux étaient disloqués, les murailles crasseuses et humides. L'été, il fallait être à l'épreuve de la peste pour l'habiter.

A chaque étage on rencontrait des modèles des deux sexes en costumes de Faunes, d'Amadryades, d'Adam et d'Eve, se rendant d'un atelier à l'autre.

Le séjour en était impossible à tout ce qui n'était pas artiste. Il fallait une prudence extrême aux bourgeois qui y venaient faire *tirer* leurs portraits pour en sortir sans avoir subi quelque mauvaise charge. Une des plus communes était celle-ci, lorsque posait tranquillement une épicière :

« N'est-ce pas ici qu'on a besoin d'un saint Jérôme? » s'écriait un modèle nu en ouvrant brusquement la porte.

De mémoire d'hommes, madame Legendre, la propriétaire, qui avait acheté la maison en 1795 pour une liasse d'assignats équivalant à la somme de vingt-cinq francs de notre monnaie actuelle, n'avait fait la moindre réparation à sa propriété. Elle laissait tout aller de mal en pis en disant :

—« Après moi, on fera ce qu'on voudra; c'est

oujours assez bon pour des gens qu'on a tant de difficultés à faire payer. »

Aussi la maison faisait-elle eau de toutes parts, et, si l'édilité parisienne n'en avait pas fait acquisition, elle eût fini par être dévorée par les punaises. Une nuit, M. Signol avait fini par abandonner son lit à leur voracité, se contentant d'un simple matelas jeté au milieu de la chambre. Elles le suivirent courageusement. Le lendemain, M. Signol acheta de la mélasse et en barbouilla le carreau tout autour de son matelas. Mais voyez l'astuce des punaises! elles grimpèrent au plafond, se posèrent juste au-dessus de leur victime et se laissèrent tomber sur elle. M. Signol se déclara vaincu.

Malgré l'horreur de Madame Legendre pour les réparations, il y eut cependant une homme qui sut la forcer à faire remettre dix ardoises sur le toit de sa maison. Cet homme est Emile Lapierre, l'élégant paysagiste. Mais, pour arriver à cela, il lui fallut faire des prodiges d'imagination; il lui fallut une volonté à dessécher le Zuiderzée. Lapierre était un des bons locataires de la Childebert : il payait son terme. Une nuit, toutes les cataractes du ciel s'épanchèrent sur les toits de Paris. Les jeunes toits résistèrent, les vieux furent transpercés. En se réveillant, Lapierre fut tout étonné de se trouver couché au milieu d'une mare. Il cria. La portière monta.

« Eh ! que faites-vous donc, Monsieur ?

— Vous le voyez bien, je me noie; allez me chercher un bateau.»

— Monsieur, il n'y en a pas dans le quartier.

— Eh bien, dites à la propriétaire de venir voir le bassin qu'elle me loue à la place de la chambre que je lui paie, moi.

— C'est vrai, Monsieur : vous êtes peut-être notre seul locataire exact au terme ; mais vous savez bien que ce n'est pas la peine, madame ne se dérangera pas.

— Ah ! Madame ne se dérangera pas ! Je sais alors ce qui me reste à faire.

Le lendemain Lapierre avait descellé trois carreaux du sol ; il avait pratiqué un grand trou ; il faisait monter chez lui tous les porteurs d'eau de la fontaine d'Erfurt et leur ordonnait de vider leurs seaux sur le parquet. Les Auvergnats n'y pouvaient rien comprendre ; il ouvraient de grands yeux et essayaient en vain d'emplir ce nouveau tonneau des Danaïdes ; mais comme on les paya très bien, ils offrirent de revenir à la charge. Lapierre refusa. Mais le tour du voisin de l'étage inférieur était venu de croire à un renouvellement du déluge universel ; il pleuvait chez Aimé Millet, le sculpteur ; il poussa des cris d'aigle. La portière remonta.

— Madame , jetez-moi la perche ; appelez les maîtres nageurs !

—Tiens ! tiens ! tiens ! fit la portière, c'est encore pire que chez M. Lapierre.

— Ce que vous dites là est peut-être neuf , mais ce n'est pas consolant. »

Cependant on monta chez Lapierre pour vérifier le fait ; on y trouva les porteurs d'eau exerçant consciencieusement leurs fonctions de Danaïdes.

« Que faites-vous là , Monsieur Lapierre ? demanda la portière.

— Il fait chaud ; c'est très agréable de prendre un bain froid à domicile ; je n'ai pas voulu être le seul à me procurer ce plaisir dans la maison ; j'y fais participer les amis. »

Et voilà comment Lapierre fit remettre dix ardoises au toit de la Childebert par madame Legendre, propriétaire.

Aujourd'hui, la Childebert a vécu : elle est remplacée par une rue. Les maçons, en la démolissant, ont trouvé dans les cheminées des choses étranges, qu'ils n'avaient jamais vues nulle part. Après un long examen, les savants s'aperçurent que ces choses, qui n'appartenaient à aucun règne connu, étaient simplement des torchis de pinceau et des raclures de palettes amoncelées ; ces détritus avaient formé un corps plus dur que le marbre.

Nous citerons encore, parmi les hôtes aujourd'hui illustres de l'ancienne Childebert, les frères Leprince, peintres de genre ; Louis Boulanger, auteur de *Mazeppa* ; MM. Schopin et Signol, élèves de Rome ; M. Garnier, graveur, auteur du *Moïse* et des *Aveugles* de Géricault ; Dulong, peintre d'un grand talent ; Bouchot, mort si jeune, après avoir laissé un chef-d'œuvre, *les Funérailles de Marceau ;* enfin Français, Baron, Nanteuil (Célestin), Aimé Millet, le charmant sculpteur, Marcel Verdier ; Auvray, peintre de mérite, mort à trente-deux ans ; Gabriel Montaland, un des meilleurs ornemanistes de notre époque ; mais nous nous arrêtons : la nomenclature serait trop longue.

La Childebert devait occuper le monde, même après sa disparition. Les ouvriers, en abattant ses murs, trouvèrent sous une épaisse couche de plâtre, au fond d'une armoire, une médaille très effacée par la rouille. MM. Adrien de Longpérier et de Saulcy furent chargés de la déchiffrer. Ils émirent chacun une opinion. Deux numismates en ont toujours chacun une. On appela M. Duchalais ; il se trouva d'une troisième opinion. Enfin M. Langlois, le plus jeune de tous les collecteurs de vieux sous, lut ce qui suit :

LÉGISLATEURS
SOUVENEZ-VOUS QUE CETE (*sic*)
MÉDAILLE FUT FRAPPÉ (*sic*) AVEC LES
FERS DE LA BASTILLE
PAR LE
PATRIOTE PALOY
VAINQUEUR DE LA BASTILLE

Cette quatrième opinion paraît être la bonne jusqu'à présent; mais nul ne peut répondre de l'avenir : il peut pousser un nouveau numismate. On voit des choses si extraordinaires, même à Paris.

LES

OISEAUX DE NUIT

LES

OISEAUX DE NUIT

LA HALLE DE PARIS A LA LUMIÈRE DU GAZ.

A partir de minuit, heure terrible ou charmante, si l'on en croit les poètes d'opéra-comique, heure des amants, des voleurs, des joueurs et des fruitiers, le vaste espace compris entre la pointe Saint-Eustache et la rue de la Féronnerie, la halle, en un mot, s'anime et se remplit de mouvement, de tumulte et de vacarme : le sabbat de notre civilisation commence. C'est un contraste étrange, plein de terreurs et d'enseignements. Tout le Paris honnête sommeille. La halle veille seule. Les fenêtres, ces yeux des maisons, se sont éteintes peu à peu ; le silence s'est emparé du reste de la ville. Mais pénétrez, si vous en avez l'audace, dans ce qu'on nomme le carreau des Innocents : tout change ; c'est un pêle-mêle de maraîchers, de porteurs, de paysans, de revendeurs de fruits et de légumes, de forts de la halle, d'inspecteurs, de sergents de ville, de cuisiniers. Les jurons s'entrechoquent ; les cris se répondent d'un bout à l'autre du marché ; les hommes, les chevaux, les charrettes, se croisent, se heurtent, s'injurient.

Puis de tous les cabarets d'alentour partent des chansons grossières, des cliquetis de bouteilles brisées, des bruits de chocs de verres, des interpellations bizarres, des propos nauséabonds. Tous les timbres de la voix humaine, depuis les plus aigus jusqu'aux plus graves, se confondent pour former le tapage le plus assourdissant que jamais oreille humaine ait pu supporter.

Votre nerf olfactif n'est pas affecté moins désagréablement. Il y a là des émanations si multiples, des mélanges d'odeurs si hétérogènes, que vous tombez bientôt dans un état très voisin de l'apoplexie. Les fleurs aux suaves parfums gisent à côté de bottes d'oignons ; les violettes se cachent sous des tas de choux ; la rose s'épanouit parmi les carottes ; les fruits enfin sont entassés pêle-mêle avec les plantes médicinales et sont arrosés quelquefois par la boue du même ruisseau.

Du reste, il faut avoir exploré les environs de cet immense bazar végétal pour se faire une idée de toutes les misères et de tous les vices qui dévorent et dégradent une partie de la population. Rassemblez toutes vos forces, assurez votre cœur contre le dégoût, et hasardez-vous, en observateur, en philosophe, chez les marchands de vins et surtout chez les liquoristes qui ont la permission d'ouvrir leurs bouges pendant toute la nuit. Chacun de ces cabarets a sa physionomie, sa réputation, ses *excentrics,* ses habitués, ses fidèles, qui ne vont guère autre part. Voici, par exemple, la lanterne triangulaire de Paul Niquet; nous lui devons la priorité : quand un homme a su se créer un nom, dans quelque industrie que ce soit, cet homme a nécessairement dépensé une plus grande somme d'intelligence et d'activité que ses confrères.

On pénètre dans cet établissement par une allée étroite, longue et humide. Le pavé est le même que celui de la rue : c'est du grès de Fontainebleau; mais il est tellement piétiné par les nombreux clients, que la rue Saint-Denis et la rue Saint-Martin, aux jours des grands dégels, peuvent passer en comparaison pour d'agréables promenades. Les habitués déposent le long des murs leurs hottes et leurs fardeaux, pour arriver jusqu'à la salle principale, nous devrions dire tout simplement hangar, car cette boutique n'est qu'une ancienne petite cour sur laquelle on a posé un vitrage. Elle est meublée de deux comptoirs en étain, où se débitent de l'eau-de-vie, du vin, des liqueurs, des fruits à l'eau-de-vie, et toute cette innombrable famille d'abrutissants que le peuple a nommés dans son énergique langage du *casse-poitrine*. En face de ces comptoirs, contre le mur, et fixé par des supports en fer, est un banc de chêne où se reposent les consommateurs. C'est là qu'ils font la sieste, c'est là qu'entre deux rondes de police, ils essaient un peu de sommeil, au milieu des cris, des vociférations, des disputes de ceux qui se tiennent debout devant le comptoir. On vante le sommeil de Napoléon la veille d'Austerlitz et celui de Turenne sur l'affût d'un canon, je ne sais plus à quelle bataille; mais qu'est-ce que ces somnolences inquiètes, agitées, auprès du lourd et profond sommeil de ces parias, obligés, la plupart, de voler même le moment de repos qu'ils prennent à la dérobée : car il est défendu de dormir dans le cabaret de Paul Niquet ; il faut consommer, se tenir debout et parler, ou bien la police, qui ne dort jamais, enlève les dormeurs et leur fournit un lit au violon du poste de la Halle-aux-Draps.

Les comptoirs lourds et massifs sont chargés de brocs, de fioles et de bouteilles de toutes formes, portant des étiquettes bizarres : *Parfait amour*, *Délices des dames*, etc., ornées de petites gravures grotesquement coloriées, dont quelques unes représentent Napoléon, les bras croisés sur la poitrine; celles-là renferment naturellement la *Liqueur des braves*. On y voit aussi un affreux buste, barbu et empanaché, que les érudits du lieu disent figurer le *Béarnais*. Le nom tout pastoral du mélange qu'il renferme est celui-ci : *Petit lait d'Henri IV*. Du reste, pour dix centimes, on vous servirait là un verre de liqueur de la Martinique, signée de Mme Anfoux ou de Mme Goodman, aussi bien qu'une goutte d'absinthe. L'étiquette seule changera. Le trois-six restera le même à peu de chose près.

Par un passage étroit, on arrive à une petite salle située derrière le comptoir : c'est le salon de conversation, un lieu d'asile ouvert seulement aux initiés, aux grands habitués, aux buveurs émérites, à ceux qui ont depuis bien des années laissé leur raison au fond d'un poisson de *camphre*.

Trois longues tables et des bancs de bois en

composent le mobilier; les murs sont blanchis à la chaux. L'architecture de ce bouge est bossue, tordue, renfrognée; on y voit des angles rentrants, des excavations et des proéminences sans motif. Tout cela a l'air d'une réunion de morceaux hybrides, étonnés de s'être rencontrés après quelque épouvantable cataclysme. Il devait se trouver des pièces ainsi faites au milieu des ruines de la Pointe-à-Pître, après le tremblement de terre. Dès la porte, on est saisi à la gorge par une odeur fade, chaude, nauséabonde, imprégnée de miasmes humides, qui soulève le cœur; c'est une puanteur qui est particulière à cette société immonde; elle donne un formel démenti à la science, en prouvant que l'homme peut vivre sans respirer. Là on rencontre des parias de toute sorte : des chiffonniers et des chiffonnières, des poètes et des musiciens incompris, des ménétriers de barrière, des Paganini de ruisseau, des domestiques qui ne cherchent pas de place, des soldats *en bordée*, des *grinches de la petite pègre;* c'est un pandémonium bizarre, qui n'a pas encore eu les honneurs d'une fidèle monographie. Les uns dorment abrutis devant des verres d'eau-de-vie, abattus sur la table ou blottis dans des coins comme des animaux immondes; d'autres causent *philosophique-*

ment à voix basse. C'est triste et lugubre comme une veillée de mort. Les garçons passent comme des ombres au milieu de ces rangs serrés ; ils portent des verres de forme hideuse, qui semblent des seaux de puits et scintillent de couleurs insolites ; la forme en est menaçante ; les coupes où les anciens buvaient la ciguë ne devaient pas être autrement faites ; on voit qu'ils contiennent quelque chose de terrible : c'est un poison cent fois plus horrible au goût que tous ceux décrits par la toxicologie, que tous ceux inventés par les Borgia et les Exili du moyen âge. Il tue l'âme, il absorbe toutes les facultés ; il est délétère, il brûle, il corrode le corps, il éteint la mémoire, il annule tous les sens. De l'homme le plus fort, le mieux organisé, il fait en quelques mois un squelette, un animal, une brute.

Car il existe à la halle toute une population d'êtres vraiment problématiques. Ce sont des gens qui ne dorment jamais, ou du moins qui ne se couchent jamais dans un lit. Leur vie est une longue suite d'aujourd'hui, ils n'ont de lendemain que le jour où, ramassés par quelque patrouille de sûreté, ils sont jetés dans un lit d'hôpital pour y mourir. Le bien-être, même celui de l'assistance publique, les tue. La nuit, ils vivent du débris des festins des heureux de la terre, ils rongent les os comme des chiens, et se contentent des croûtes et des restes qu'on jette à la borne. Le jour, ils s'accroupissent dans l'angle de quelque cabaret, accoudés sur une table, l'œil morne, les joues hâves et pendantes, l'âme affaissée dans leur corps abruti, et ils dorment effrayants, les yeux ouverts.

A côté de tous ces gens en haillons, quel est ce vieillard si frais, si rose, si propret, qui semble un gras chanoine égaré dans ce séjour de damnés? C'est un poète bergerade, c'est un faiseur de bucoliques, c'est un rêveur de prairies et de fleurs, c'est un Dorat perdu dans ces égouts. Il se nomme Huard. Il était maçon, il est aujourd'hui garçon chez Sallé, l'heureux successeur de Paul Niquet. Le père Huard est né poète comme tant d'autres sont nés hommes d'état. Il fait des vers comme certains font des lois, sans trop savoir au juste ce que c'est. Il avoue naïvement n'avoir jamais étudié, mais avec *le simple bons sens* on arrive à tout. Deux fois Bicêtre lui a charitablement offert ses appartements gratuits, et Charenton lui a donné l'hospitalité, et cela parcequ'il a de l'intelligence et de l'esprit, parcequ'il se sent tourmenté par le démon de la poésie, parceque, bien avant tant d'autres, il avait osé jeter un regard sur les misères de l'espèce humaine. Huard était un précurseur, il prêchait dans le désert; on le prit pour un fou, on l'emprisonna, on le persécuta; il eut, comme tous les apôtres, les honneurs du martyre.

Rien de plus touchant que d'entendre raconter par ce brave homme l'entrevue qu'il eut avec un de nos meilleurs écrivains. « Ah! Monsieur, dit-il, en voilà un, un vrai, un de la bonne roche! Il a écouté mes vers sans rire, lui! »

Le père Huard n'a qu'un malheur, c'est de faire des poèmes didactiques, descriptifs, et bucoliques surtout. Il aime trop les vers, surtout les siens. Avouons pourtant qu'au milieu de ce fouillis d'odes, de chansons, d'élégies, de pastorales, d'églogues, il se trouve parfois des pensées neuves et hardies, enchâssées dans une belle forme. La conversation du père Huard est amusante, colorée, toute remplie d'images, et toujours enveloppée d'un certain mysticisme qui semble agrandir sa pensée et la rend pour ainsi dire visible. Nous lui demandâmes si parfois le doute n'était pas venu le saisir au milieu des fatigues de son pénible état, au milieu de tous ces êtres infimes, incapables de le comprendre. Il nous répondit avec une emphase assez voisine de l'amphigouri: « Ai-je douté quand je me suis assis pour la première fois à cette fête intellectuelle, au milieu des hasards de l'hiver et sous les nuages menaçants? Est-ce que je ne savais pas qu'au delà de ces sombres vapeurs brille l'astre immortel dont les rayons ne sont que voilés? Lorsque je suis entré ici pour vivre dans cette boue, est-ce que je ne savais pas que plus haut il y a des champs d'azur et de lumière, dont nos yeux sont destinés à contempler la splendeur? Que m'importe cette race désolée qui m'entoure, ces hommes dévastés, ces cerveaux sans idées? Je n'ignore pas qu'avec la génération future, la vie reviendra s'épanouir et fleurir dans ces corps décharnés, que l'idée jaillira sous ces crânes épais, où fermente secrètement l'éternelle fécondité de la nature? Aussi je patiente et j'espère. »

On comprendrait volontiers Charenton si l'on ne découvrait pas une âme noble et pleine de foi, d'espérance et de résignation, sous le fatras prétentieux de cet honnête homme. Tous les êtres dégradés qui étaient là l'écoutaient la bouche béante sans comprendre une seule de ses paroles. Après l'avoir entendu, nous sommes sorti moins désespérant de l'humanité, de ce bouge où tout le reste avait été pour nous horreur et dégoût.

Il nous fallait de l'air, nous étouffions dans cette

atmosphère fétide ; la tristesse de l'âme nous avait saisi ; le bruit nous était nécessaire. La nuit s'avançait et il nous restait encore bien des choses à voir, car les premières scènes qui s'étaient passées sur le carreau des halles n'avaient été que le prologue du grand marché, qui prend tout son développement à quatre heures du matin.

L'aspect de la place a changé ; la population n'est plus la même. Voici venir les paysans ; voici les costumes des habitants de la Picardie et de la Normandie ; voici les femmes des environs de Paris, avec leurs mouchoirs rouges enveloppant le bonnet blanc, avec leurs jupes bariolées, leurs manteaux de laine blanche, aux capuchons de velours noir ; voici venir la limousine grise et jaune rayée de bleu des rouliers. La langue qu'on parle n'est qu'un patois composé de vingt autres patois, qui ne se parle qu'à la halle, dans les transactions de fruitières à maraîchers, ne se comprend nulle autre part, et n'existe dans le monde que l'espace de quelques heures par nuit, de deux à quatre heures du matin, à Paris, au centre du monde civilisé. C'est un ancien idiome qui doit avoir quelques rapports avec celui dont se servent les riverains de la Méditerranée, et avec celui des trafiquants de l'Archipel des Antilles, jargons sans couleur , sans poésie, secs et pauvres, faits principalement pour le trafic de l'argent, dont ils ont le son métallique.

Après une nuit passée dans les cloaques dont nous avons parlé plus haut et au milieu de ces êtres immondes à qui l'ivresse arrache de temps en temps de sinistres confidences, on se sent heureux et soulagé de respirer cet air tout imprégné de senteurs balsamiques; on contemple avec admiration la vigoureuse santé de ces vaillantes filles des campagnes; on revient peu à peu aux sentiments humains. Le ciel semble plus beau, plus étoilé; l'aube vient blanchir les toits des maisons; la halle a l'air d'une foire de campagne; le commerce honnête, réel, a remplacé la Cour des Miracles.

Tout à coup de tous les cabarets voisins partent des cris d'oiseaux de proie, des hurlement de bêtes fauves; on entend encore dans les cabinets quelques lambeaux de chansons hideuses : ce sont les oiseaux de la nuit qui quittent leurs repaires, honteux de voir le soleil, et prennent leur volée çà et là. Ici ce sont des figures patibulaires; là de jeunes femmes pour qui, chose étonnante, ces nuits honteuses semblent n'avoir pas de fatigue, et qui ne laissent qu'à regret la ténébreuse orgie qu'elles recommenceront la nuit suivante. L'honnête ouvrier qui va à son travail les saluc de quolibets en passant. Les hommes sont tout honteux de ces huées; ils ont comme une vague horreur de ce qu'ils ont fait. Mais les femmes, au contraire, semblent fières de leur abjection; elles bravent le mépris tête haute et renvoient quolibets pour quolibets. Le sens moral est complètement éteint chez elles. De tous les êtres de la création, la femme est toujours le pire quand elle n'est pas le meilleur.

LA VILLA
DES CHIFFONNIERS

LA VILLA
DES CHIFFONNIERS

Là bas, bien loin, au fond d'un faubourg impossible, plus loin que le Japon, plus inconnu que l'intérieur de l'Afrique, dans un quartier où personne n'a jamais passé, il existe quelque chose d'incroyable, d'incomparable, de curieux, d'affreux, de charmant, de désolant, d'admirable. On vous a parlé de carbets de Caraïbes, d'ajoupas de nègres marrons, de wigwams de sauvages, de tentes d'Arabes; rien ne ressemble à cela. C'est plus extraordinaire que tout ce qu'on peut dire. Les camps de Tartares doivent être des palais auprès. Et cependant cette chose, qui ferait frissonner un habitant de la rue Vivienne, est dans Paris, à deux pas du chemin de fer d'Orléans, à dix minutes du jardin des plantes, à la barrière des Deux-Moulins en un mot.

Cela a nom la cité Doré, non par antiphrase,

mais parceque M. Doré, chimiste distingué, est propriétaire du terrain. Vu d'en haut, c'est une réunion de cabanes à lapins où logent des chrétiens. Vu de près, c'est douteux, mais après tout c'est consolant. C'est une ville dans une ville, c'est un peuple égaré au milieu d'un autre peuple. La cité ne ressemble pas plus à l'autre Paris que Canton ne ressemble à Copenhague. C'est la capitale de la misère se fourvoyant au milieu de la contrée du luxe; c'est la république de Saint-Marin au centre des Etats d'Italie; c'est le pays du bonheur, du rêve, du laisser-aller, posé par le hasard au cœur d'un empire despotique.

Laissez-moi vous dire ce que j'ai vu, ce qui m'a été dit, ce que j'ai observé. Attendez vous à voir du laid, mais ne lâchez pas trop la bride à votre imagination : elle pourrait se figurer de l'horrible, quand ce n'est que triste; de la pastorale, quand ce n'est qu'un rayon de soleil; des larmes, des gémissements, des grincements de dents, quand il y a joie, bonheur et gaîté. Il ne sera question ni de voleurs, ni d'assassins, ni de tapis francs. Tout cela se passera en famille, au sein de la pauvreté honnête et travailleuse, jamais au milieu du dénûment hideux. En un mot, nous allons vous conduire dans une colonie de propriétaires, les plus pauvres de tous les propriétaires du monde entier peut-être, et non parmi la race vivant au jour le jour, dans des garnis sans nom dans aucune langue.

Le château de Bellevue, qui a servi jadis de siége à la société connue, au temps de la Restauration et pendant les premières années du règne de Louis-Philippe, sous le nom de Brasserie anglaise, est situé au carrefour formé par les cinq rues ou chemins qui arrivent à la barrière des Deux-Moulins. Une pareille entreprise, montée sur une grande échelle, devait occuper un grand espace et nécessiter de vastes constructions : aussi le propriétaire d'alors, le lord amiral C..., fut-il obligé, pour loger ses nombreux chevaux et ses cuves, de faire abattre presque tous les arbres qui ombrageaient un des plus beaux parcs de Paris : il avait douze cents mètres de superficie. Malgré tous ces sacrifices, l'entreprise périclita ; château et parc furent vendus à la criée et achetés par M. Doré, le propriétaire actuel. Les constructions telles qu'écuries, ateliers, furent démolies. Et ce parc, jadis si beau, si ombreux, si fleuri, devint une manière de marais qui n'était plus séparé du chemin de ronde de la ville que par une simple haie vive à laquelle les gamins du quartier faisaient en une heure autant de trouées qu'en réclamaient les besoins du jeu du *berger* ou de *cache-cache*. Le maraîcher, qui ne pouvait rien récolter sur son terrain, se fatigua bientôt de planter des salades et de petites raves pour les retrouver arrachées ou foulées aux pieds des enfants. Il abandonna cette terre ravagée dont la surveillance était fort difficile, pour ne pas dire impossible, à cause des mœurs du voisinage, et le pauvre parc ne fut plus qu'un simple terrain vague.

En 1848, M. Doré eut l'idée de diviser sa propriété pour la louer par lots aux bourgeois de Paris, qui, comme on sait, ont une passion toute particulière pour le jardinage. Ils louent à cet effet de petits carrés de terre trois fois grands comme un mouchoir dans quelque faubourg éloigné, et tous les dimanches ils vont, accompagnés de leur famille, jouer à l'horticulteur dans leur jardinet. L'affiche *Terrain à vendre ou à louer au mètre* se pavanait au vent depuis quelques jours, quand M. Doré, qui s'attendait à y voir entrer pour le moins quelque Némorin de la rue Saint-Denis ou un Daphnis et une Chloé du quartier du Temple, vit apparaître un chiffonnier de la plus belle espèce, hotte au dos, crochet à la main. Sa surprise était grande, mais elle redoubla lorsque notre homme lui dit qu'il venait pour louer du terrain. Aux questions du propriétaire il répondit qu'il voulait se bâtir une maison de campagne pour lui et sa famille. Le bail fut passé pour dix mètres de terrain, à raison de cinquante centimes le mètre par an.

C'était un homme laborieux, intelligent, plein de courage. Dès l'aube du jour suivant, il était à l'ouvrage, entouré de sa nombreuse famille. Ils creusaient les fondations de leur villa champêtre, ils achetaient, à cinquante centimes le tombereau, des garnis de démolition, et quelques jours après ils se mettaient bravement à édifier. Mais, hélas! l'architecte improvisé n'était guère habile, les travaux marchaient lentement, et l'impatience était grande : on voulait prendre possession de la propriété, on avait déjà la fièvre qu'a tout homme qui acquiert une terre, fièvre qui ne se guérit que par l'usage de la propriété. Avant tout il faut que tout honnête acquéreur taille, rogne, remue sa terre, gâte son jardin, plante à tort et à travers, pour qu'il croie à sa propriété. Notre famille de chiffonniers était atteinte de cette maladie. Ils voulaient demeurer chez eux. Mais à cela il y avait un grand empêchement : c'est qu'il n'y avait pas de maison. La belle saison verdoyait, l'air était chaud. Ma foi, tant pis! à la guerre comme à la guerre. On planta une manière de tente sur le terrain, et toute la famille se mit à habiter sous la tente en plein Paris, absolument comme si elle se fût trouvée dans les déserts de la Syrie ou dans les forêts de l'Amérique. Diogène, qui a dû être quelque peu chiffonnier dans Athènes, sa lanterne le prouve d'ailleurs suffisamment, avait bien habité dans un tonneau.

Au bout de trois mois, la maison était construite de fond en comble. Le toit était posé. Ce toit avait été fait avec de vieilles toiles goudronnées sur lesquelles on avait posé de la terre battue. Au printemps suivant, on planta des clématites, des capucines et des volubilis sur ce toit, de façon que, lorsque vint l'été, la famille semblait habiter dans un nid parfumé.

Cette merveille fut visitée par les confrères ; chacun envia le bonheur du chiffonnier propriétaire qui, pour cinq francs de loyer par an et une dépense une fois faite de cent écus environ, se trouvait posséder en propre une charmante villa, en plein soleil, au grand air. Chacun voulut avoir aussi son coin : on se disputa le terrain ; le parc de Bellevue fut bientôt converti en un vaste chantier. Une ville nouvelle s'y bâtissait. C'était à qui édifierait son palais le plus promptement. On se piquait d'amour-propre, on se stimulait, les baraques semblaient sortir de dessous terre comme par enchantement. Les rues, les places, étaient marquées. Il y avait cinq avenues, deux places, celle de la Cité et celle du Rond-Point, le carrefour Dumathrat, un passage, le passage Doré. Tout cela est en miniature comme toute la cité. En voyant ces petites maisons, ces petites places, ces petites rues, on se croirait volontiers dans une ville de Lilliputiens ; on est tout étonné d'y rencontrer des hommes et des femmes de la taille ordinaire.

A la fin de l'été de 1849, tout allait pour le mieux ; la plupart des maisons avaient des toits. Oh ! ces toits, voilà bien le chef-d'œuvre du génie humain. On ne peut se figurer l'imagination qu'il a fallu déployer pour arriver à poser ce faîte si nécessaire : car les décombres, cela se vend dix sous le tombereau, c'est connu. Presque tout le monde sait très mal le métier de maçon, c'est-à-dire que tout homme peut, à la très grande rigueur, monter un mur de quelques mètres d'élévation ; mais pour couvrir il faut employer des tuiles, des ardoises ou du zinc ; toutes ces marchandises sont fort coûteuses, et tout le monde ne sait pas les manier. L'expérience de la terre et de la toile goudronnée faite par le premier habitant de l'endroit n'avait pas réussi. L'eau avait détrempé la terre ; elle était devenue trop lourde, elle avait crevé la toile. Il fallait trouver quelque chose de nouveau et de moins coûteux. Cest alors qu'un chiffonnier eut une idée sublime !

A Paris tout se vend, excepté le vieux fer-blanc: il fallait donc employer le vieux fer-blanc, qui est très abondant, surtout depuis que presque toutes les caisses de marchandises exportées sont doublées avec des feuilles de ce métal. On se mit à ramasser ce que les autres dédaignaient, de façon qu'aujourd'hui la majeure partie des maisons de la cité sont recouvertes en fer-blanc. Dans les premiers temps elles ont l'air d'être coiffées de casques d'argent. Mais quand, à la suite des pluies, la rouille s'y est mise, cela produit le plus déplorable effet ; cela donne à ces pauvres demeures une apparence hideuse de niche à chien.

Là il y a comme partout, dans toute réunion d'hommes, un homme supérieur. Celui-ci a nom Cambronne, tout comme le brave général de la garde impériale. Il n'est ni propriétaire ni locataire de la cité ; il s'y est implanté. Un de ses amis lui offrit l'hospitalité un soir; depuis ce temps il y est resté. Il est tout, maçon, couvreur, charpentier, menuisier ; il rend des services à tout le monde, il a su se rendre indispensable. Aussi on le choie, on le recherche, on s'empresse autour de lui. C'est l'artiste de l'endroit ; il chante, il conte, il est gai buveur, joyeux compagnon, bon garçon, conseiller prudent ; rien ne se décide sans lui. Il est tout à la fois juge de paix, avocat, notaire, avoué. Il égaie les plus tristes, et on l'aime à cause de sa bonté, de sa douceur et de toutes les qualités d'un cœur franc et généreux. Il apaise les querelles, réconcilie les ménages brouillés, et donne à tous l'exemple de la bienveillance : car, dit-il, il n'est pas de ménage de dix personnes propriétaire d'un château à la cité Doré qui ne trouve plus pauvre qu'eux. C'est de lui qu'est l'invention des toitures en fer-blanc. Cambronne est réellement un homme remarquable ; placé dans une autre sphère, nous ne doutons pas qu'il ne s'y fût distingué et qu'il ne fût parvenu à s'y faire remarquer. Au lieu de cela, les circonstances en ont fait un chiffonnier philosophe.

Tout allait pour le mieux, la petite république vivait en paix, quand il arriva un spéculateur. Hélas! où ne s'en trouve-t-il pas? Celui-ci était un *limousinier* (maçon qui dresse les murs). Il avait des avances : il loua un terrain pour y bâtir ; puis, voyant l'empressement qu'on mettait à louer la cité, il acquit plusieurs lots, y construisit des mai sons, et, aujourd'hui qu'il a quarante francs de loyer par an, il se fait plus de cinquante francs par semaine à sous-louer ses bâtisses. Il fait payer vingt-cinq francs par semaine une maison et une avant-cour. Aussi est-il devenu réellement propriétaire, car il a acheté de M. Doré, à raison de vingt francs le mètre, tout l'espace qu'occupent ses bicoques. Cet homme est peut-être un homme heureux, de ceux qui réussissent toujours dans tout ce qu'ils entreprennent, de la famille de ces millionnaires comme nous en connaissons tous, qui sont arrivés à Paris avec un *petit écu*; il a comme tous ces gens-là l'activité et le vouloir : qu'y aurait-il d'étonnant de voir une grande fortune prenant pour point départ la villa des chiffonniers?

Ainsi, en moins de quatre ans, voici tout un quartier qui s'est bâti, peuplé, régularisé, sans avoir coûté un seul sou à la ville de Paris; des gens qui habitaient des rues infectes, des logements où ils ne pouvaient ni bouger ni respirer, qui aujourd'hui sont propriétaires et ont presque tous des magasins ou des hangars pour déposer leur récolte de chiffons et d'os. Ils ont de l'air, une vue admirable, dans un quartier sain. Aussi avons-nous remarqué que presque tous les enfants de la cité sont superbes de force et de santé. Ils n'ont plus ces mines souffreteuses, ces corps rachitiques des pauvres petits êtres de la Montagne-Sainte-Geneviève, par exemple. Ce bien-être n'a pas moins influé sur les parents. Ils sont meilleurs, ils s'entendent beaucoup mieux, et l'on ne voit jamais dans l'endroit ces scènes de sauvagerie, ni ces ivrognes traînant dans le ruisseau, que l'on rencontre si souvent dans d'autres parties de ce malheureux douzième arrondissement. Nous l'avons souvent dit : assainir c'est moraliser, et les faits sont là pour prouver ce que nous avançons. Depuis l'origine de la cité, la garde n'y est jamais venue, il n'y a jamais eu de bataille, et M. Doré n'a jamais été obligé d'aller réclamer un des habitants ramassé ivre dans la rue. Ces braves gens se conduisent honnêtement, en bons pères de famille; jamais ville habitée par des rentiers n'a été plus paisible. Ce semblant de propriété leur a donné des habitudes d'ordre qu'ils étaient loin de posséder avant. Ainsi, jamais ils ne sont en retard pour les loyers, et celui qui refuserait de payer ou qui mettrait de la mauvaise volonté serait montré au doigt.

Et cependant, parmi quelques bons ouvriers

qui gagnent facilement leur vie, combien de misè-res ! On chercherait vainement le nom des états de la plupart de ces gens. Ces noms ne sont d'aucune langue, et lorsqu'ils vous les ont dits, vous êtes encore à leur demander l'explication, et souvent, après cette explication, vous ne comprenez pas encore : il vous faut des détails précis. Par exemple, un homme qui vous dirait qu'il est *brû-leur de mottes*, en seriez-vous bien plus avancé? Non. Eh bien ! c'est l'état de Mme Favreau, ex-cantinière de la grande armée : elle carbonise des mottes pour fournir du feu aux chaufferettes des vieilles femmes de l'hospice de la Salpêtrière. Elle fait cet état d'un bout de l'année à l'autre, c'est-à-dire qu'elle vit dans une atmosphère insupportable, auprès de laquelle le climat du Sénégal doit être un printemps éternel. L'intérieur du four de cette malheureuse, car c'est beaucoup plus un four qu'une maison, est une des choses les plus navrantes que nous ayons jamais vues dans nos longues excursions dans le douzième arrondissement, et cependant Dieu sait ce qui nous a passé sous les yeux dans ce malheureux quartier !

Nous ne décrirons pas, c'est impossible ; il faut voir pour croire. Mais ce que nous avons remarqué, ce que nous ne pouvons nous empêcher de dire, c'est l'immense résignation de tout ce peuple en guenilles; c'est cette philosophie latente que renferment toutes ces âmes fortement trempées; c'est cette fraternité pratique qu'exercent entre eux tous ces malheureux. Un seul fait nous servira d'exemple. En 1850, la femme d'un chiffonnier, un des plus pauvres de la cité, accoucha de trois jumeaux. Le phénomène fit du bruit, les journaux en parlèrent, la charité privée s'en émut, on envoya des layettes à la pauvre mère; mais elle n'en avait plus besoin : les habitants de la cité s'étaient cotisés, ils avaient fourni aux nouveau-nés tout ce qu'il leur fallait, et les autres mères nourrices s'étaient offertes généreusement pour les allaiter. L'administration de l'assistance publique n'en envoya pas moins deux chèvres à la mère pour l'encourager à garder ses enfants. Ceux-ci sont morts. La mère était naturellement héritière de ses enfants. Aujourd'hui elle vend du lait de chèvre aux dames du quartier, ce qui a porté un certain bien-être dans ce pauvre ménage. Mais une chose touchante, c'est le récit qu'elle fait des soins que lui ont prodigués ses voisins, « qui, dit-elle, n'entraient jamais chez nous les mains vides ».

Si nous avons parlé si longuement de la cité Doré, c'est que nous y trouvons non seulement une des curiosités les plus extraordinaires de ce Paris inconnu que nous avons essayé d'esquisser ici, mais encore une excellente institution, une idée qui peut devenir fructueuse. Ce simulacre de propriété, en attachant ces malheureux au sol, les garantit contre les mauvaises pensées et les mauvais conseils de la misère, tout en donnant aux classes élevées une sécurité qu'elles ne peuvent avoir avec l'agglomération de pauvres, de vagabonds et de mendiants qui se fait dans les garnis de ces quartiers infects : car, nous sommes obligé de l'avouer, partout où nous avons eu occasion de l'observer, nous avons vu le laid engendrer le mal.

TABLE DES MATIÈRES.

LES INDUSTRIES INCONNUES.

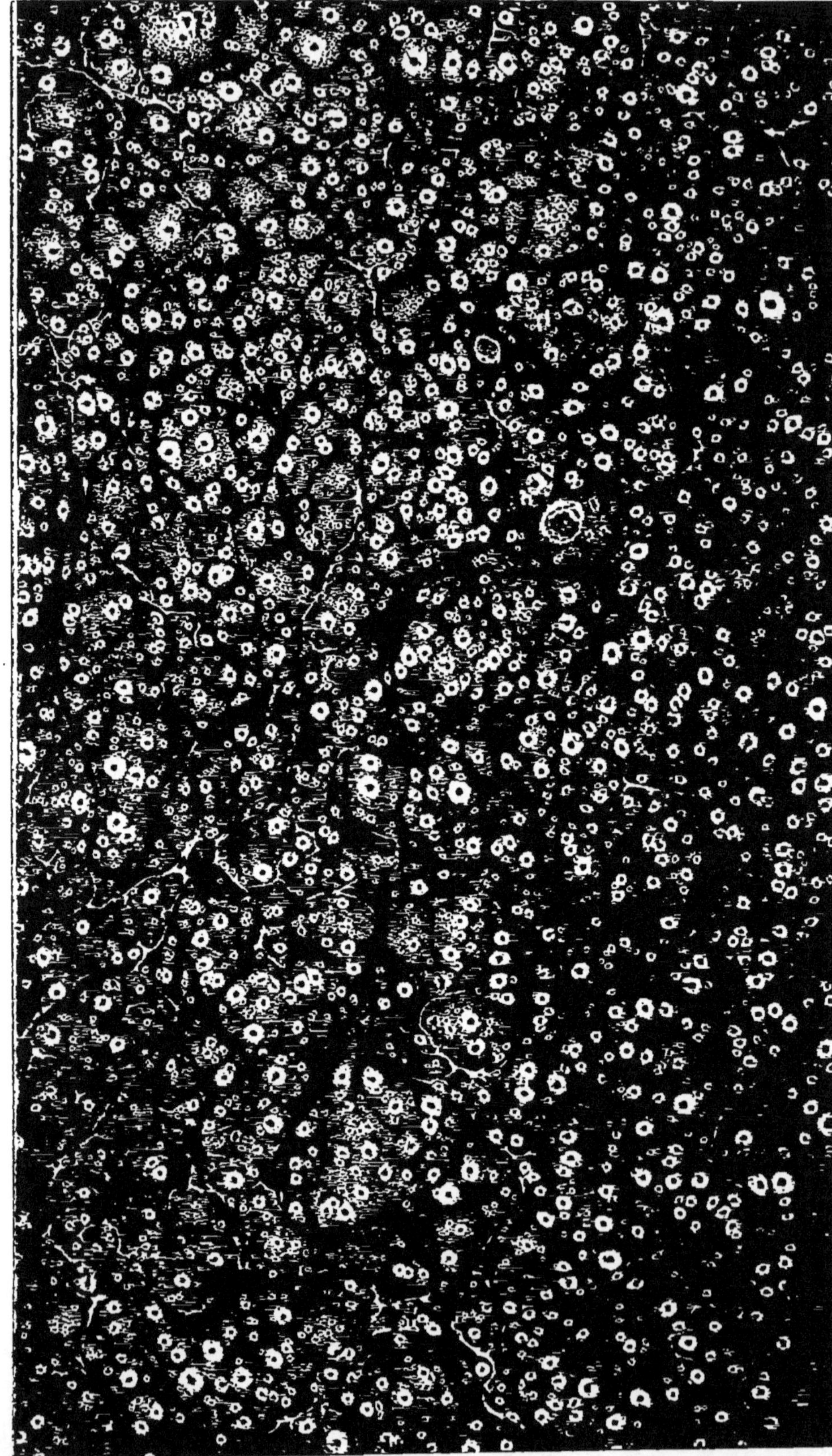

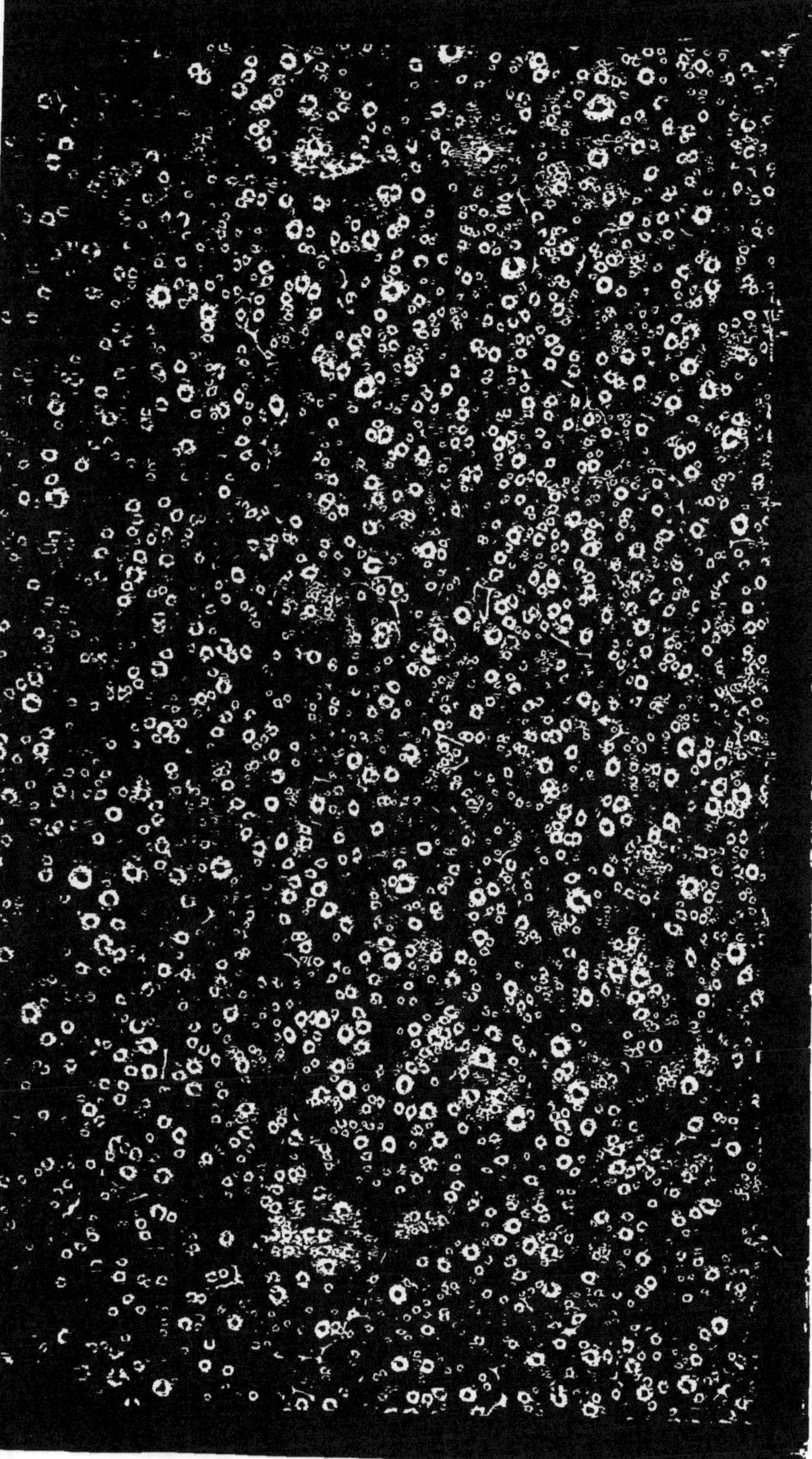

www.ingramcontent.com/pod-product-compliance
Lightning Source LLC
LaVergne TN
LVHW020557230826
846091LV00002B/510